INHALT

W0051859

ENTDECKEN SIE AUSTRALIEN!

Unsere Top 15 führen Sie an die traumhaftesten Orte und zu den spannendsten Sehenswürdigkeiten

Die Highlights sind in der Karte auf dem hinteren Umschlag eingetragen

 Harbour Bridge
Ein Höhepunkt im Sydney-Programm: die Klettertour auf die Hafenbrücke (Seite 35)

 Opera House
Das muschelförmige Bauwerk am Hafen von Sydney ist ein Designwunder – und eines der Wahrzeichen von Downunder (Seite 36)

 Blue Mountains National Park
Die Wildnis vor den Toren Sydneys – endlose Wälder, steile Schluchten und heilige Stätten der Aborigines (Seite 43)

 Federation Square
Die größte Sammlung australischer Kunst in futuristischen Gebäuden am Ufer des Yarra in Melbourne (Seite 59)

 Great Barrier Reef
3000 Korallenriffe und über 2000 tropische Inseln – das Riff vor der Küste von Queensland ist ein Muss für Taucher, Segler und Naturbegeisterte (Seite 68)

 Fraser Island
Wale, Delphine, Dingos, endlose Strände und unwirklich blaues Wasser (Seite 76)

 Daintree National Park und Cape Tribulation
Die schönsten tropischen Regenwälder Australiens (Seite 81)

 Uluru und Kata Tjuta
Obwohl inzwischen Ziel des Massentourismus geworden, ist und bleibt der imposante Uluru (früher Ayers Rock) ein Muss für viele Besucher (Seite 88)

MARCO POLO

AUSTRALIEN
SYDNEY

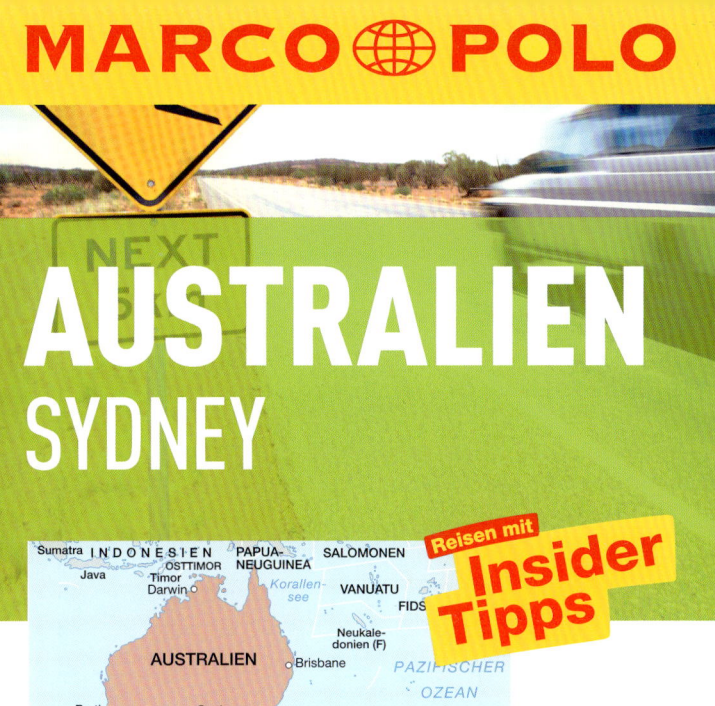

Reisen mit Insider Tipps

> Faszinierend ist die alle Sinne
> berauschende Weite des Kontinents,
> der Platz im Überfluss hat für ein-
> same Wildnis, endlose Strände, für
> tropischen Dschungel ebenso wie
> für schneebedeckte Hochlagen – und
> für pulsierende Großstädte.
> *MARCO POLO Korrespondenten*
> *Bruni Gebauer und Stefan Huy*
> (siehe S. 183)

Spezielle News, Lesermeinungen und Angebote zu Australien:
www.marcopolo.de/australien

AUSTRALIEN

> SYMBOLE

**MARCO POLO
INSIDER-TIPPS**
Von unseren Autoren
für Sie entdeckt

**MARCO POLO
HIGHLIGHTS**
Alles, was Sie in Austra-
lien kennen sollten

☼ SCHÖNE AUSSICHT

📶 WLAN-HOTSPOT

**HIER TRIFFT SICH
DIE SZENE**

> PREISKATEGORIEN

HOTELS
€€€   über 110 Euro
€€   70–110 Euro
€   unter 70 Euro
Die Preise gelten für ein
Doppelzimmer ohne Frühstück

RESTAURANTS
€€€   über 18 Euro
€€   13–18 Euro
€   unter 13 Euro
Die Preise gelten für ein Haupt-
gericht ohne Getränke

> KARTEN

[154 A1] Seitenzahlen und
          Koordinaten für den
          Reiseatlas Australie
[U A1]   Koordinaten für die
          Sydneykarte im hin
          teren Umschlag
[0]   außerhalb der
          Sydneykarte

Adelaide/Brisbane im
hinteren Umschlag | Mel-
bourne S. 61 | Perth S. 105
Zu Ihrer Orientierung sind
auch die Orte mit Koordinaten versehen, die nicht im
Reiseatlas eingetragen sind

> DIE BESTEN MARCO POLO HIGHLIGHTS

 Kakadu National Park
Felsmalereien, Krokodile und geheimnisvolle Natur im tropischen Norden (Seite 93)

Kimberley
Der Favorit unter Naturfreunden: kaum berührte Wildnis in einer der geologisch ältesten Regionen der Welt (Seite 102)

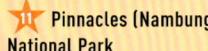 **Pinnacles (Nambung) National Park**
Bizarre Felsnadeln, von Sonne und Sand verewigt (Seite 108)

Barossa
Herrlicher Wein, Schwarzbrot, Sauerteig – und historische Dörfer in lieblicher Umgebung (Seite 115)

Kangaroo Island
Pinguine, bizarre Seedrachen, seltene Känguruhs, Koalas und riesige Seehundkolonien in wilder Natur (Seite 116)

Cradle Mountain/ Lake St. Clair
Spitze Bergmassive, stille, abgrundtiefe Seen, Sümpfe und moosüberwachsene Urwälder (Seite 121)

Great Ocean Road
Entdecken Sie eine der schönsten Küstenstraßen der Welt – mit bizarren Felsformationen, eindrucksvollen Steilküsten und geheimnisvollen Wäldern (Seite 131)

> Downunder stillt Fernweh total: exotische Tropen im Norden, das Inselparadies Tasmanien im Süden, einsame Sandstrände mit glühenden Sonnenuntergängen im Westen; im Osten dagegen pralles Leben, ob in der pulsierenden Metropole Sydney oder in den quirligen Ferienzentren am Great Barrier Reef. Und mittendrin der charismatische Monolith des Uluru/Ayers Rock. Australien bedeutet Natur im Überfluss. Australien bedeutet aber auch lässige Lebensart voller Lebenslust: Segeln, surfen, sich auf das Wochenende am Strand freuen, Austern schlürfen, Bier aus der Flasche trinken – die Aussies muss man einfach mögen.

> Noch einmal erfasst eine Bö den Flieger. Letzte Wolken rasen wie Handtuchfetzen am Fenster vorbei. Ein Schaukeln. Dann ist der Blick frei: auf Spielzeughäuschen mit karminroten Dächern. Auf Hotel- und Bürotürme, die wie spitze Zeigefinger emporragen. Auf die Harbour Bridge, die sich wie ein altmodischer Kleiderbügel übers graublaue Wasser des Hafens von Sydney spannt, und die winzigen Fähren, die einen Schlagsahnekranz hinter sich her zu ziehen scheinen. Das Muscheldach des Opernhauses blitzt für eine Sekunde rötlich auf, getroffen von einem frühmorgendlichen Sonnenstrahl. Eine letzte, dramatisch steile Kurve. „Cabin Crew, prepare for landing!" Rumpelnd setzt die Maschine auf der Piste des Kingsford Smith Airport auf – willkommen im Abenteuerland Australien.

Abenteuerland? Für neun von zehn Mitteleuropäern beginnt der erste Kontakt mit Downunder eher etwas ernüchternd. Denn sie landen in Sydney – Häuser, Kirchen, kühne Bauwerke, brav aneinandergereiht wie Zinnsoldaten: nur wenig, was es nicht zu Hause auch gibt. Und so möchte man meist möglichst schnell diesem Häusermeer entfliehen, hinaus in die scheinbar endlose Weite, wie sie in den Reisekatalogen zu sehen ist. Es gibt viele Klischees über Downunder. Sicherlich träumt man als zivilisationsmüder Europäer da-

> **Die Vielfalt ist Programm in diesem Land**

von, gleich nach der Landung ein Rendezvous am Lagerfeuer mit Crocodile Dundee höchstselbst oder wenigstens dessen Bruder zu erleben. Die Realität sieht anders aus. Australien ist ein Land mit einer der höchs-

Von den vielen Stränden Sydneys liegt der Bondi Beach der Innenstadt am nächsten

ten Urbanisierungsraten der Welt – die weitaus meisten der über 20 Mio. „Aussies" leben in Städten; und so gehört das Bürovolk, das morgens mit wehenden Krawatten durch die Straßenschluchten von Sydney oder Melbourne stiebt und sich abends schnell auf ein kühles Toohey's oder Victorian-Bitter-Bierchen im Pub trifft, ebenso dazu wie etwa die Heerscharen der Youngsters, die sich am Wochenende ins reiche Nachtleben stürzen, die Kulturbeflissenen, die keine Theatervorstellung auslassen, die Segler, Surfer oder Wasserfanatiker, die dottergelbe Stadtstrände wie Bondi Beach in Sydney oder Scarborough Beach in Perth bevölkern, oder die schrill geschminkten Schwulen und Lesben beim Sydney Mardi Gras, der großen Parade. Die Vielfalt ist Programm in diesem Land, und wer einmal 140 Nationen auf engs-

tem Raum erleben möchte, der sollte sich Melbourne näher anschauen. Der zumeist friedliche Multikulturalismus ist das Resultat großer Einwanderungswellen wie etwa in den 1950er-Jahren. Doch die australische Note ist immer dabei – das *no worries, mate* (alles klar, Kumpel!) klingt aus Griechenmund in Sydney, mit deutschem Akzent in Adelaide oder mit türkischem Unterton in Melbourne ebenso echt wie in Alice Springs oder sonstwo im Outback.

Ein Kontinent – ein Staat: 7 682 000 km^2 nimmt die gewaltige

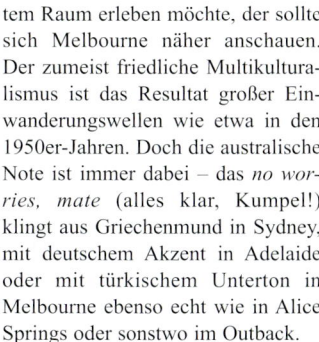

> **Einzigartige Kultur und unvergessliche Abenteuer**

Landmasse zwischen Pazifik und Indischem Ozean ein, eine Fläche, etwa 21 mal so groß wie Deutschland. In der Tat ist dieses Downunder einfach außergewöhnlich, eine Landmasse der Gegensätze: zauberhafte Korallengärten und das Great Barrier Reef im Osten und staubiges Buschland im Westen, lebhafte Metropolen an den Küsten und menschenleere Einöde im Landesinnern, grünes Urwalddickicht im tropischen Regenwald im Nordosten und kahle, rotbraune Felshänge am Uluru (Ayers Rock) im roten Zentrum, saftige Weiden in New South Wales und ausgedörrte Wüsten in Western Australia, in denen dann und wann Känguruhs für Leben sorgen. Hin- und hergerissen zwischen westlicher Zivilisation und exotischer Wildnis, bietet Australien einzigartige Kultur und unvergessliche Abenteuer.

Die australische Note, das ist eine hemdsärmelig-lässige Lebenslust, wie es sie wohl wirklich nur Down-under gibt. Wo sonst auf der Welt steht das gesamte öffentliche Leben einen Tag lang still – und das nur wegen eines Pferderennens; wenn nämlich die aufregenden Fernsehbilder vom Melbourne Cup in die Wohnzimmer flimmern? Wo sonst zelebriert man, wie in Adelaide, ein national bedeutendes Food Festival,

> *Das englische Erbe: Kricket und Tee trinken*

wo Jung und Alt, Handwerker und Manager gleichermaßen an Spitzenweinen nippen, erlesene Happen zu sich nehmen und zwanglos miteinander plaudern können? In „Gottes Garten", wie vor allem viele Landwirte den fruchtbaren Süden und Südosten nennen, gedeihen die herrlichsten Zutaten für eine leichte Pazifikküche, die Sie in Vollendung in den Gourmetrestaurants der Städte genießen können.

Doch sie sind wandelbar, die Städter. Wenn sie sich nach draußen begeben, ins Outback abseits der Metropolen, dann werden selbst distinguierte Sydneysider, snobistische Melbournians oder Salonlöwen aus Adelaide zum real existierenden Buschmann, der den Diskothekensound gegen Countrymusik aus dem Radio oder eine selbst gesungene Ballade wie etwa „Waltzing Matilda" eintauscht. Dann werden Kniestrümpfe übergestreift und kurze Hosen, Shirts und ein verschwitzter Akubra-Hut, dann werden Boote aufs Allradfahrzeug geschnallt und Angelruten gerüstet. Dann ist plötzlich selbst bei sonst gleichberechtigten Ehepartnern alles Männersache, dann erwacht der Abenteuergeist der *frontiersmen,* der Grenzgänger, wie sich viele Australier gern heimlich nennen, weil sie mit ihren Allradwagen oft tatsächlich an die Grenzen der Zivilisation gelangen. Und zum Erstaunen vieler Touristen kann der Partytiger aus Adelaide oder der Rotarier aus Melbourne ein Zelt genauso gut und schnell aufbauen wie einen Geländewagen sicher durch dicke Sanddünen steuern.

Von diesen Ausflügen kehren sie stets glücklich zurück und schwärmen zumeist in den höchsten Tönen von den Vorzügen und Schönheiten des Landes. Für viele Mitteleuropäer, die eher einen kritisch-nüchternen Geschäftston im Umgang miteinander gewohnt sind, mag dies eine der schönsten Erfahrungen überhaupt sein – die tägliche Lektion im positiven Denken, die tägliche Dosis gute Laune, das sonnige Gemüt der Menschen.

Dass die Leute fröhlich sind, wundert nicht bei dieser Natur: 36 000 km Küstensaum mit prickelndem Pulversand und einem Meer, so blau, als habe jemand ein Tintenfass hineingekippt; mit Sonnenuntergängen, die regelmäßig zur Sinfonie in Rot geraten, wenn das schräg stehende Licht auf die eisenerzhaltige Wüstenlandschaft fällt. Dieser Kontinent Nummer fünf ist ein Ensemble aus den gewaltigsten Monolithen der Erde, die im Lauf von vielen Jahrmillionen geformt wurden, aus ockergelben, schneeweißen, blassbraunen Sanddünen, endlosen Spinifexgrassteppen und, oh ja: aus langweiligen und eintönigen Buschebenen, in denen die einzige Abwechslung ein entgegenkommender, atemberaubend langer und breiter Lastzug sein mag.

Western Australia, sind selbst für ausgefuchste Profis noch ein Wagnis. Und beim Buschtrekking im Wooronooran National Park rund um Mount Bartle Frere in Queensland kann man sich tatsächlich so hoffnungslos im Dschungel verirren, dass

Auch mit Spezialfahrzeugen sind Flussüberquerungen oft heikel

Australien ist ein Mix aus unerforschten tropischen oder kühlgemäßigten Regenwäldern, schroffen, bisweilen schneebedeckten Alpengipfeln – und, natürlich: Abenteuern. Manche Allradwagenrouten, wie etwa die *Canning Stock* quer durch

ein Rettungseinsatz notwendig wird. Um eine Camp- oder Angelerlaubnis muss man bei solchen Ausflügen dagegen nicht lange bitten, beim Feuermachen stört kein nörgelnder Förster. Wenn man dann so dasitzt und das Sternenzelt im Outback betrachtet, das dank der trockenen Luft und der nahezu vollkommenen Dunkelheit funkelt wie frisch mit dem Fensterle-

WAS WAR WANN?

70 000–50 000 v. Chr. Die Aborigines besiedeln Australien über eine Landbrücke aus dem heutigen Indonesien

1770 Kapitän James Cook erforscht die Ostküste und nimmt den Kontinent für die britische Krone in Besitz

1788 750 Sträflinge und ihre Bewacher landen im heutigen Sydney. Die britische Krone nutzt Australien als Sträflingskolonie

1851 In Australien wird Gold gefunden. Der Goldrausch lockt Menschen aus aller Welt auf den Kontinent

1901 Die britischen Kolonien schließen sich zum Bundesstaat Australien zusammen

1915 Schlacht bei Gallipoli in der Türkei. Tausende australische Soldaten sterben. Sie waren ihrem Mutterland Großbritannien im Ersten Weltkrieg zur Seite geeilt

1942 Japanische Bomber greifen die nordaustralische Stadt Darwin an. Australische Soldaten kämpfen auf der Seite der Alliierten

1967 90 Prozent der Australier stimmen für die volle Gleichberechtigung der Aborigines

1988 Australien feiert 200 Jahre europäische Besiedlung. Aboriginegruppen protestieren gegen 200 Jahre europäische Besetzung

2000 Olympische Sommerspiele in Sydney

2007 Lang anhaltende Dürre trifft über die Hälfte der landwirtschaftlich genutzten Fläche; auch den Städten geht das Wasser aus: So bedrohlich war die Situation noch nie

der aufpoliert, wenn man spürt, wie der Boden die Hitze des Tages ausatmet, dann sitzt man mittendrin im Australien der Diavorträge, in dem allerdings manche drohenden Dinge und Gefahren – ohne die ein Abenteuer kein solches wäre –, wie etwa Krokodile oder einige der giftigsten Schlangen der Welt, eher einen bescheidenen Platz einnehmen. Womit wir nun endgültig bei den Bewohnern des fünften Kontinents ange-

> Australien ist eine junge Nation

kommen wären – nicht den gefährlichen allerdings. Nicht wenige Australier sehen ihr Land nicht als Kontinent an, sondern eher als eine von Mutter Natur mit reichlich Raum bedachte Insel. Dort haben sich viele liebenswerte Eigenheiten und Schrullen aus den Gründertagen halten können, etwa das englische Erbe der Australier, die Vorliebe für Kricket oder für das Teetrinken.

Doch natürlich hat „The Lucky Country" auch so seine Probleme. Freilich, die Kultur der Aborigines, eine der ältesten der Welt, sie mag Touristen faszinieren; die farbenprächtigen *Dot Paintings* (Punktmalereien) vieler Aboriginekünstler mögen Wohnzimmer schmücken, handgefertigte Wurfhölzer der Ureinwohner durch die Luft schwirren. Doch hinter den schönen Kulissen knirscht es im Gefüge. 2004 kam es in Sydney erstmals zu massiven Rassenunruhen. Aborigines finden nach wie vor sehr schwer einen Job und noch schwerer eine feste Bleibe – weil sich das gutbürgerliche Australien zwischenzeitlich ziemlich einig ist in seinem Urteil über die Ureinwohner und milliardenschwere Sozialprogramme für Aborigines eher Neid geschürt als Jobs geschaffen haben. Premierminister John Howard, der klassische Vertreter von Mainstream Australia, konnte auch mit

zur Überprüfung ihrer Asylanträge in angrenzende Länder ausgewiesen.

Kein Zweifel, Australien ist als junge Nation gerade erst dabei, den Weg zu sich selbst zu finden. Seit den Olympischen Sommerspielen 2000 in Sydney ertönt die wunderschöne Nationalhymne „Advance Australia Fair" etwas lauter im Land: eine gradlinige

Eine der vielen Inseln im 2000 km langen Great Barrier Reef

seiner strikten Asylpolitik Punkte sammeln. Geschickt wurde der Zustrom an Fremden als Angriff auf den australischen Wohlstand verkauft; die Wirtschaft boomte zwar, doch blieb der Rückgang der Arbeitslosigkeit hinter den Erwartungen zurück. Ohne Rücksicht auf persönliche Schicksale und internationale Proteste wurden Asylsuchende entweder in Auffanglagern interniert oder bis

Liebeserklärung an die Nation und den Pioniergeist: „We've golden soil and wealth for toil, Our home is girt by sea ..." (wir besitzen goldenen Acker und riesigen Arbeitswillen, unsere Heimat wird umspült von der See). Der Text stammt nicht etwa aus Pioniertagen. Australien bekam erst 1984 eine eigene Hymne – sie löste damals das britische Nationallied „God Save The Queen" ab.

TREND GUIDE AUSTRALIEN

Die heißesten Entdeckungen und Hotspots! Florian Haas scoutet Sie durch den Szene-Dschungel

Florian Haas

Florian Haas studiert Sport in München und arbeitet als Sport- und Reisejournalist. Fast ein Jahr unterbrach der Abenteuerfan sein Studium, um Australien zu erkunden. Regenwald, Wüste, Outback, Beaches, Metropolen – 20 000 km cruiste Florian durch fast alle Ecken des Kontinents. Immer mit dabei: sein 27 Jahre alter Kombi. Seitdem ist er mindestens einmal im Jahr in Downunder.

HEALTH FOOD

Trendsetter essen schnell, grün und gesund

Salat und Veggieburger: Health Food tritt seinen Siegeszug an! Da passen die boomenden Health-Fast-Food-Ketten *juiced (www.juiced.com.au)* und *SumoSalad (www.sumosalad.com,* Foto*)* bestens zum neuen Lifestyle. Exquisites Veggie Food lässt man sich im *Crows Nest Macro Cafe (13–19 Willoughby Road,* Sydney*)* oder im *Mondo Organics Restaurant (116 Hardgrave Road, Brisbane)* schmecken.

TARZAN-TOUR

Funsport-Update aus dem Regenwald

Surfen im Regenwald: kein Traum, sondern Realität! Immer mehr wollen hoch hinaus. Bei *Jungle Surfing Canopy Tours* wird man von erfahrenen Guides angeleitet und saust an Seilen gesichert von einem Baumwipfel zum anderen. Relaxt wird auf einer der fünf Aussichtsplattformen mit einem faszinierenden Ausblick über schier endloses Grün bis zum Great Barrier Reef. Der Trend wird in der Nähe von Cape Tribulation gesetzt *(www.junglesurfingcanopytours.com,* Foto*)*.

SZENE

▶▶ ARTISTISCH

Kunsttrends aus den Metropolen

Stylishe Boutiquen, alternative Szene: Trendviertel wie Paddington in Sydney oder Fitzroy in Melbourne entwickeln sich zu Hotspots in Sachen junge Kunst. Ob Skulpturen, Malerei oder Fotografie – in Ateliers und futuristischen Galerien sind die unkonventionellen Werke junger Talente zu bewundern. Der wohl skurrilste Künstler ist derzeit Brian Walker (www.lickthesun.com) – seine Werke sind trendy, trashig, abgefahren. Gute Adressen, um zeitgenössische Kunst zu sichten, sind in Sydney die *Object Gallery*, die auf Nachwuchsförderung setzt (*417 Bourke Street, www.object.com.au),* und für Pop-Art-Anhänger *Blank Space (374 Crown Street, www.blankspace.com.au,* Foto). In Melbourne zeigt die *Helen Gory Gallery (25 St. Edmonds Road, www.helengory.com)* Werke noch unbekannter, aber vielversprechender Newcomer.

▶▶ GEBROCHENE TÖNE

Neue Sounds aus Downunder auf dem Weg nach oben

The next Generation – Nachwuchsmusiker feiern Erfolge! Auf dem Indie- und Rockmarkt sind innovative australische Bands wie *Jet* (www.jettheband.com), *Wolfmother* (www.wolfmother.com) und *The Vines* (www.thevines.com) tonangebend – nicht nur in

Australien! Weltweite Bewunderung ernten auch die Elektonikgenies des *Sneaky Sound System,* die mit ihren Dancehits die Charts stürmen (www.sneakysoundsystem.com, Foto). In den Bars hört man auf Breakbeats: DJs mixen dabei Funk, Rap, Jazz und House zu tanzbaren Sets. Die frischesten Presswerke bestellen Australien-Insider bei *Spank Records* (www.spankrecords.com.au) oder bei *Dirt Cheap CDs* (www.dirtcheapcds.com.au).

▶▶ PARTY PUR

News aus der Clubszene

Die neuen Nightlifespots setzen auf
Individualität und Design. Zwischen
Fresken und auf altem Parkett trifft sich
in Sydney die Partyszene im *Will and
Tobys Taylor Square (1.und 2. Stock des
Oxford Hotels, 134 Oxford Street,
www.willandtobys.com.au, Foto)*. Soul-
Rhythmen, Elektrobeats und Klassik-
klänge – der Mix machts, und wenn die
Kabarettistenelite der Stadt noch die

Bühne betritt, wird die Party zum Crossover-Event. Very sophisticated feiert man im *Ruby
Rabbit*: Psychedelische Klänge und Retro-Ambiente im Keller bereiten auf Level 2 vor,
denn in der zweiten Etage fühlt man sich dank Gold und Samt wie die Queen persönlich:
das perfekte Ambiente für Modenschauen, Aftershowpartys und VIP-Events
(111 Sussex Street, Sydney, www.rubyrabbit.com.au). In Melbourne setzen zwei
Locations neue Standards in Sachen Clubstyle: das wie ein Chemielabor gestaltete *Croft
Insitute (21 Croft Alley, www.thecroftinstitute.com.au)* und die extrem laute und extrem
angesagte *Ding Dong Lounge (18 Market Lane, www.dingdonglounge.com)*.

▶▶ ABENTEUERLUST

Willkommen im Backpackerparadies

Australien ist Backpacking-Mekka Nummer eins! Man kommt als Globetrotter und geht
als Aussie. Immer mehr Traveller packen ihren Rucksack und ziehen durch das Land:
von Strand zu Strand, von Party zu Party, von Abenteuer zu Abenteuer. Mundpropa-
ganda ist das Stichwort – andere Backpacker verraten Neuankömmlingen gern die

besten Geheimtipps. Als erste
Anlaufstelle dienen die Hostels
des Jugendherbergwerks
(www.yha.com) oder *VIP
(www.vipbackpackers.com)*.
Geldmangel? Kein Problem!
Farmen oder Gastroläden sind
immer auf der Suche nach
Workern. Informationen gibt
es unter *www.visabureau.com/
australia*.

▶▶ CUTTING EDGE

Angesagte Looks und Labels

Australiens Modemacher gehen neue Wege. Junge Labels machen Trends nicht nur mit, sondern setzen sie. Extrem schräg präsentieren sich zum Beispiel *Sass & Bide (www.sassandbide.com)* und *Ksubi (www.ksubi.com,* Foto*)* – die Marken sind die heißesten Newcomer der hiesigen Modewelt. Auch Designer wie Josh Goot *(www.joshgoot.com)* oder Alice McCall *(www.alicemccall.com)* strotzen nur so vor ungewöhnlichen Ideen und machen durch klare Linien und verrückte Stoff-Kombis auf sich aufmerksam. Ihre und viele andere Kreativkollektionen gibt es in Melbourne im *Retrostar (37 Swanston Street, www.retrostar.com.au)* und im *Fat 272 (272 Chapel Street, www.fat4.com)*. Zum trendy Outfit gehört der passende Schmuck: Zickzackschrift, grelle Farben, Achtzigerjahrestyle – kurz: der Look der angesagten Company Fuzz-Accessoires. Shopping-Exit verpasst? Gibts auch online unter *www.fuzzdesignworkshop.com*.

▶▶ KAFFEEKULT

Little Italy in Melbourne

Dolce Vita auf der Flaniermeile Lygon Street – Fashionistas voll beladen mit Shoppingtüten, Manager mit Handy am Ohr, Straßencafés mit großen Sonnenschirmen und Espressoduft, der durch die Gassen weht – das ist Italienflair mitten in Australien! Keine Frage, Melbournes Cafés sind dank Chic, Charme und Cappuccino-Kunst die besten auf dem ganzen Kontinent. Die Auswahl an Bars mit Openairterrasse ist riesig! Klassisches Italobarambiente inklusive gutem Ramazotti gibt es im *Pellegrini's (66 Bourke Street)*. Eine fabelhafte Welt aus Bäckerei und lässigem Restaurant findet man im *il Fornaio* – die Wahl zwischen Pasta, Minestrone und Dolci fällt nicht leicht *(2 Acland Street, www.ilfornaio.net.au,* Foto*)*. Im immer vollen *Caffe e Cucina* trinkt man übrigens den mit Abstand besten Cappuccino der Stadt, der jedem Vergleich mit Roms heißen Tassen standhält *(581 Chapel Street, www.caffeecucina.com.au)*.

ABORIGINES

Zwar genießen Aborigines heute die gleichen Rechte wie Australier anderer Abstammung; diese Gleichberechtigung existiert allerdings vor allem auf dem Papier. So ist etwa die Gesundheitsversorgung in vielen Aborigine-Gemeinden katastrophal und wird von Experten mit den Verhältnissen in Ländern der Dritten Welt gleichgestellt. Australische Ureinwohner sterben im Durchschnitt sieben Jahre früher als andere Australier. Ignoranz und purer Rassismus von Seite der Bevölkerungsmehrheit sind für viele Ureinwohner Teil des Alltags. Boulevardmedien zeichnen fast nur ein negatives Bild von den Aborigines und sind ein wesentlicher Grund dafür, dass viele Australier die indigene Minderheit als eine Art Schandfleck sehen. Diese Haltung steht im krassen Gegensatz zu der

Bild: Cairns, im Tjapuki Aboriginal Cultural Park

STICH WORTE

von Touristen, die sehr oft nach Australien kommen, um eine der ältesten noch bestehenden Kulturen kennenzulernen.

BRITISCHE HÖFLICHKEIT

In Australien sind britische Höflichkeit und Diplomatie an der Tagesordnung. So entschuldigen sich viele

Aussies im täglichen Umgang eher einmal zuviel als einmal zu wenig – so z. B. schon, wenn sie aus Versehen einmal vor das Objektiv der Videokamera geraten, sich am Tisch räuspern oder in einer Warteschlange laut niesen müssen.

EINWANDERUNG

Wie Kanada und die USA ist auch Australien ein begehrtes Ziel von

Einwanderern. Seit 200 Jahren tragen Millionen von Immigranten zur Identität des Landes bei. Heute stammt jeder vierte der über 20 Mio. Australier aus einem anderen Land oder hat Eltern, die in Übersee geboren wurden. Ohne Einwanderer gäbe es das moderne Australien nicht. Je nach politischem Klima und wirtschaftlichen Bedürfnissen nimmt Australien pro Jahr zwischen 60 000 und 185 000 Neuankömmlinge auf.

FLORA & FAUNA

Die urzeitliche Flora und Fauna Australiens hat sich nach dem Abdriften des Landes vom Superkontinent Gondwanaland vor etwa 100 Mio. Jahren dank der Isolation nahezu ungestört entwickeln können. Nach dem Untergang der Dinosaurier setzten sich in anderen Teilen der Welt die Säugetiere durch. In Australien entwickelten sich die Beuteltiere. Känguruhs sind nur eine der fast 180 Beuteltierarten. Manche der 40 australischen Känguruharten sind klein wie Kaninchen, andere werden über 2 m groß, wieder andere können sogar auf Bäume klettern.

Australien ist ein Paradies für Reptilien und Insekten. Die meisten sind harmlos, aber einige Spinnen und Schlangen sind hochgiftig. Die seltsamsten Tiere Australiens sind die *Monotremes,* die Eier legen, aber ihre Jungen säugen. Das Schnabeltier *(Platypus),* das einem Otter mit Entenschnabel ähnelt, und der Ameisenigel *(Echidna)* sind die einzigen überlebenden Vertreter dieser uralten Säugetierart. Vor vielen Stränden spielen Delphine. Wer nur zwei Stunden aus der Stadt herausfährt und im Busch an der Küste oder in den Bergen kampiert, kann nachts ganze Känguruhfamilien und Wombats beobachten. Die braun behaarten Beuteltiere von der Größe eines kleinen Schweins sind die Lieblingstiere vieler australischer Kinder. In einigen

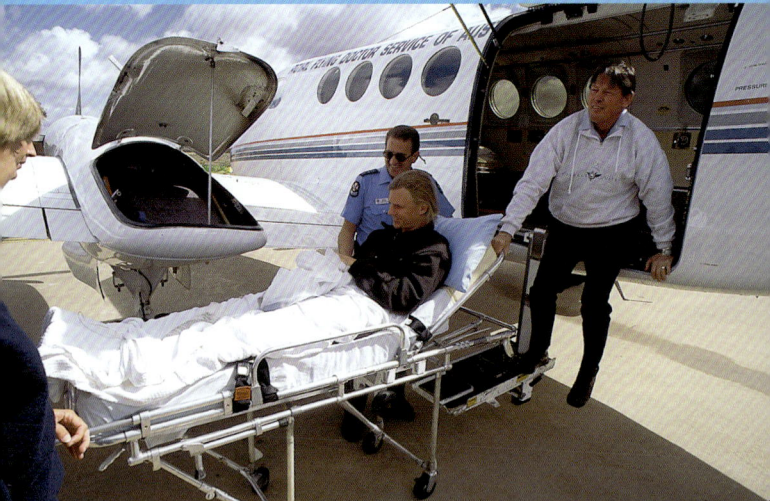

Der Royal Flying Doctor Service im Einsatz

Gegenden kann man hoch in den Kronen der Eukalyptusbäume kuschelige Koalas entdecken.

FLYING DOCTOR

Der fliegende Doktor ist eines der bekanntesten Symbole Australiens. Der weltweit erste ärztliche Notfalldienst aus der Luft begann 1928 als *Australian Aerial Medical Service* in der kleinen Stadt Cloncurry in Queensland, nachdem der Presbyterianerpriester John Flynn das Elend der Outbackbewohner gesehen hatte. Hunderte oder sogar Tausende Kilometer von ärztlicher Hilfe entfernt starben Menschen an den Folgen auch kleiner Verletzungen und Krankheiten, die in den Städten leicht zu behandeln gewesen wären. Heute ist der *Royal Flying Doctor Service (RFDS)* mit 50 Basisstationen eine unverzichtbare Lebenslinie zwischen den Menschen im Busch und der Zivilisation.

HILFSBEREIT-SCHAFT

Eine sehr liebenswerte Eigenschaft aus den Pioniertagen konnte in die Neuzeit hinüber gerettet werden: Schier grenzenlos ist die Hilfsbereitschaft der Australier, ganz gleich, ob bei einer Reifenpanne im Outback oder Orientierungsverlust in Sydney oder Melbourne. Da werden Termine verschoben, um schnell den Pneu montieren zu können, da werden Karten organisiert, Routen erklärt, und das alles mit einer Geduld und Freundlichkeit, über die Europäer

Auch Känguruhs zieht es zuweilen an den Strand

nur staunen können. In solchen Momenten kann man dann erfahren, wie groß der Zusammenhalt der Australier untereinander noch immer ist und dass Solidarität zumindest innerhalb des weißen Australien zu den Grundwerten gehört.

MATESHIP

Die *mateship* ist ein typisch australisches Phänomen, das auch heute noch Männer wie Blutsbrüder zusammenhalten lässt. Damals, in der Wildnis des unerforschten Kontinents, hatten nur „echte Kerle" eine Chance. Gemeinsamkeit machte stark, half beim Überleben. Bei geselligen Anlässen sind auch heute noch die meisten australischen Männer lieber unter sich.

MUSIK

Australiens sehr lebendige Musikszene ist mehr als nur Kylie Minogue, jene Popikone, die international für Furore gesorgt hat. Wer die Musikszene Downunder beleuchtet, kommt etwa an Rockgrößen wie AC/DC oder INXS nicht vorbei – oder an Paul Kelly, der auch der Bob Dylan Australiens genannt wird. Wie kein anderer vor ihm erfasst der aus Adelaide stammende Songwriter seit den 1980er-Jahren die australische Seele. Oft machen lokale Pop- und Rockbands wie die aus Brisbane stammenden Powderfinger steile Karrieren, auch Aboriginebands wie Yothu Yindi schaffen es mit ihren oft kritischen Songs, das Publikum zu begeistern.

NATURSCHUTZ

Standen schon die ersten Entdecker im 18. Jh. im Kampf mit einer überwältigenden, fremden Natur, so hat sich daran bis heute nichts Wesentliches geändert. Mitten im Kakadu National Park rattern, ganz zwanglos, die Bagger auf der Suche nach Uran und Gold; das Great Barrier Reef konnte nur mit Mühe und Not davor bewahrt werden, von Erdölgesellschaften angebohrt zu werden. Auch der ausufernde Touristenrummel trägt seinen Teil zur Umweltschädigung bei. Auf dem größten Heiligtum der Ureinwohner, dem Uluru (Ayers Rock) steigen tagtäglich hunderte Besucher herum. *Greenies,* wie Umweltschützer gern genannt werden, gelten als Spinner und wirtschaftsfeindlich; das Etikett „Eco" für ökologisch ist nur auf Tourismusprospekten wirklich gern gesehen.

PICKNICK

Picknicks sind eine australische Leidenschaft. In fast allen Parks und auf den Rastplätzen entlang der Highways gibt es ausgezeichnete Picknickmöglichkeiten: schattige Bänke und Tische, Wasser und Grillplätze. Picknicks werden zu jeder Gelegenheit veranstaltet: mit Kerzenlicht, Porzellan und ausgebreiteten Tischdecken vor Openairkonzerten oder

Football nach australischen Regeln lockt Zehntausende Fans ins Stadion

Alternative zum Restaurant: Picknick- und Barbecueplatz

Theaterveranstaltungen, Geburtstagspicknicks für Kinder, Picknicks am Strand, an öffentlichen Feiertagen, vor Sportereignissen.

REGIERUNGS-SYSTEM

Grundsätzlich folgt das australische Regierungssystem dem Modell der liberalen Demokratien Großbritanniens und Nordamerikas. Daneben hat es auch eigene Merkmale. Die Regierung setzt sich aus Mitgliedern eines vom Volk gewählten Parlaments mit zwei Kammern zusammen, dem Repräsentantenhaus *(House of Representatives)* und dem Senat *(Senate)*. Regierung und Parlament haben ihre Sitze seit 1927 in Canberra. Die Partei oder Parteienkoalition, die im Repräsentantenhaus die Mehrheit genießt, stellt die Regierung. Das Staatsoberhaupt, Königin Elisabeth II., ernennt auf Vorschlag der Regierung einen Generalgouverneur als ihren Vertreter. Dieser gibt dann den Ministern den Segen, die ihm vom Premierminister vorgeschlagen werden.

SPORT

Die Australier sind sportverrückt. Auf Partys und Festen ist Sport oft das Thema Nummer eins. Das liegt nicht nur am britischen Erbe: Das Thema Sport eint die Australier. Jeder kann dabei mitreden – egal, aus welcher Kultur er oder sie stammt.

TALL POPPIES

Auf Arroganz und Anmaßung reagieren Australier empfindlich. *Tall poppy syndrome* nennen sie es, wenn Prominente zu viel Wirbel um die eigene Person machen – sei es durch eine aufgeregte Schar von Leibwächtern, sei es, etwa in der Politik, durch zu große Distanz vom Volk. Abgehobene Großkopferte, also *tall poppies,* muss man nach Meinung vieler wieder auf den Boden der Tatsachen zurückbringen.

HÖHEPUNKT
IST DER MELBOURNE CUP

Die meisten australischen Events finden unter freiem Himmel statt

> Meist herrscht ja super Wetter. Weshalb ganzjährig getrost unter freiem Himmel gefeiert werden darf. Oft geht es dabei sportlich ambitioniert oder kulturell engagiert zu – Hauptsache, alle haben ihren Spaß.

OFFIZIELLE FEIERTAGE

1. Jan. *Neujahr*; **26. Jan.** *Australia Day* (Nationalfeiertag); **Karfreitag** (*Good Friday*); **Ostermontag; 25. April** *Anzac Day*; **2. Montag im Juni** *Queens Birthday* (Geburtstag der englischen Königin) **25./26 Dez.** *Weihnachten*

LOKALE FESTE

Januar
Beim dreiwöchigen *Sydney Festival* gibt es reichlich Ausstellungen, Theater, Tanz, Musik und Straßenkunst *(www.sydneyfestival.org.au)*.

Februar
Gay and Lesbian Mardi Gras in Sydney: Einen Monat lang präsentieren Schwule, Lesben und Gäste aus aller Welt ein Festival, das mit einer großen Parade und einer Riesenparty endet *(www.mardigras.org.au)*.
Das fast vierwöchige *Festival of Perth* ist das älteste Kulturfestival Australiens und berühmt für gutes und innovatives Theater *(www.perthfestival.com.au)*.

März
Moomba Festival in Melbourne: großer Karnevalszug und viele kulturelle Veranstaltungen *(www.melbourne.vic.gov.au)*.

April
Rip Curl Pro: Internationaler Surfwettbewerb am Bell's Beach in Victoria *(www.bellsbeachaustralia.com)*.

Mai
Bei der *Outback Muster Reunion* in der Stockman's Hall of Fame in Longreach können Sie Viehtreiber in Aktion erleben. Drei Tage lang dreht sich hier alles ums Schafe- oder Rinderhüten *(www.destinationlongreach.com.au)*.

> EVENTS
FESTE & MEHR

Juni

Das *Mowanjum-Fest* in Derby in Kimberley gibt Aboriginalkünstlern Gelegenheit, sich zu präsentieren *(www.derbytourism.com.au)*.

Juli

Am 2. Samstag im Monat geht es beim *Lion's Camel Cup* in Alice Springs hoch her – zahllose Kamele gehen an den Start *(www.camelcup.com.au)*.

August

Die *Henley on Todd Regatta* in Alice Springs im ausgetrockneten Todd River ist die wohl skurrilste Bootsregatta auf der Welt *(www.henleyontodd.com.au)*, und bei der *Darwin Beer Can Regatta* gehen aus leeren Bierdosen zusammengesetzte „Boote" an den Start *(www.beercanregatta.org.au)*. Beim *Isa Rodeo* in der Queenslander Minenstadt Mt. Isa treffen sich wilde Bullen, harte Männer und schöne Cowgirls *(www.isarodeo.com.au)*. Das *Perlenfest* in Broome ist eine der wichtigsten und farbenfrohsten Feiern in Australien *(www.shinjumatsuri.com)*.

September

Das *Festival of Darwin* bringt Künstler aller ethnischen Gruppen zusammen *(www.darwinfestival.org.au)*. *AFL:* Das *Australian Football Grand Finale* in Melbourne ist für viele Melbournians das wichtigste Ereignis des Jahres *(www.afl.com.au)*.

Oktober

Das multikulturelle *Melbourne Festival* (Kunstfestival) beginnt mit einem Umzug in der Brunswick Street *(www.melbournefestival.com.au)*.

November

Für das Pferderennen des ⭐ *Melbourne Cup* am zweiten November-dienstag steht der ganze Kontinent still. In Victoria ist der Tag ein staatlicher Feiertag *(www.melbournecup.com)*.

> Australien ist ein Paradies für die Lieb-
haber einer frischen, leichten und ab-
wechslungsreichen Küche: Einwanderer
aus aller Welt haben ihre Esskultur mit
nach Australien gebracht. Dank der klima-
tischen Vielfalt des Kontinents können sie
ihre heimischen Gemüse, Früchte und Getreide auch hier anbauen.

Auf den Märkten und in den zahlreichen kleinen Geschäften der australischen Großstädte gibt es ein über-
wältigendes Angebot an frischen
Salaten, exotischen Gemüsesorten
und herrlichem Obst. Alles kommt
aus Australien – saftige, duftende
Mangos genauso wie süße Ananas,
Bananen und Kokosnüsse aus dem
tropischen Norden, aromatische Pfir-
sische, Passionsfrüchte, Melonen, Lit-
schis und Zitrusfrüchte aus Victoria
und New South Wales, Äpfel und
Birnen aus Tasmanien, feine Trauben
aus Südaustralien – um nur einige
Beispiele zu nennen. Hinzu kommen

Bild: Sydney, Cafés am Opernhaus

ESSEN & TRINKEN

zahlreiche asiatische Blattgemüse, zarte Brokkolini, nussig schmeckende Avocados, süße Kartoffeln und nicht zuletzt eine Riesenauswahl frischer Kräuter und Gewürze. Dazu gibt es Fleisch von frei grasenden Rindern und Schafen – oder von Känguruhs, Emus und Krokodilen. Die großen Fischmärkte bieten den Reichtum der Meere, Flüsse und Seen des riesigen Inselkontinents: Da gibt es weißfleischige, saftige Barra-

mundi aus den Brackgewässern des Nordens und John-Dory-Filets aus der Tiefe der See, feinen, frischen Thunfisch, orangeroten Lachs, köstliche Riesenkrabben, Austern und andere Muscheln.

Im abgelegenen Outback werden die kulinarischen Lichtblicke allerdings seltener. Dort isst man oft noch „traditionell australisch". Einwanderer, die in den 1950er- und 60er-Jahren nach Australien kamen, erinnern sich mit Grausen an diese aus England stammende Küche: phantasielose Fleischpasteten *(Pies)*, Steaks und Koteletts mit weichem, wässrigem Gemüse. Salate, die aus ein paar grünen Blättern und einer Tomate bestanden. Die einzige Abwechslung war das örtliche „Chinese-Australian"-Restaurant, das Reis mit Erbsen und Möhren und Schweinefleisch in knallroter, süßsaurer Sauce aus der Flasche anbot. Das beste Essen war das traditionelle Barbecue, der Grillabend mit riesigen, verkohlten Stücken Fleisch, verbrannten Zwiebelringen, Ketchup und Weißbrot.

> SPEZIALITÄTEN
Genießen Sie die typisch australische Küche!

Barbecued Prawns – marinierte australische Riesenkrabben, auf dem Grill zubereitet (Foto)

Barramundi Fillets with Macadamianuts – das köstliche weiße Fleisch des Barramundi wird leicht mit gehackten Macadamianüssen paniert, dazu gibt's einen Salat

Kangarooburger with Beetroot – fettarmes Känguruhfleisch in Hamburgerbrötchen mit Rote Bete

Leg of Lamb with roasted Vegies – Lammkeule aus dem Ofen, mit Knoblauch, Rosmarin und Honig gewürzt; dazu gibt's Kartoffeln, Möhren, Rüben und Kürbisstücke

Meat Pies – kleine Pasteten mit einer oft unsäglichen Mischung aus unidentifizierbarem Fleisch und tomatiger Sauce. Britisches Erbe. Wird traditionell bei Fußballspielen serviert

Pavlova – köstliche frische Beeren, Pfirsiche, Kiwis und das Innere der Passionsfrucht krönen eine Schöpfung aus federleichter Eiweißmeringue und frischer Sahne

Tasmanian Salmon with Bok Choy and Chilli Jam – tasmanischer Lachs mit gedünstetem Bok Choy und einer Sauce aus frischem Chili, Ingwer, braunem Zucker, Essig und dem Saft einer Limette

Wattleseed Damper – im Erdofen gebackenes Brot mit den nussigen Samen des Wattle trees, warm mit schmelzender Butter und Honig serviert

Witchetty Grub – eine bis zu 10 cm lange, fingerdicke Made, die in den Wurzeln der Akazienbäume lebt. Traditionelle Nahrung der Wüstenaborigines. Wird roh oder in der Asche geröstet gegessen. Schmeckt wie eine Mischung aus Nuss und hart gekochtem Ei

Yum Cha – Auswahl kleiner chinesischer Spezialitäten wie Teigtaschen mit Krabben und frischen Kräutern, Klöße mit gerösteter Rindfleischfüllung oder gedünstete chinesische Gemüse

ESSEN & TRINKEN

Terrassencafé in Glenelg

Heute kann man in vielen Vierteln der australischen Großstädte authentische Küche aus der ganzen Welt genießen: Vietnamesische Suppenküchen liegen neben norditalienischen Pastarestaurants, feine französische Bistros neben südindischen Imbissstuben, griechische Tavernen neben libanesischen Spezialitätenrestaurants. Daneben haben sich Restaurants entwickelt, die moderne australische Küche anbieten – eine fröhliche Mixtur vorwiegend mediterraner Speisen mit starken asiatischen Einflüssen. Einige Restaurants verwenden auch einheimische Feigen, Buschtomaten, süße Samen und Blüten aus dem australischen Busch, die zur traditionellen Nahrung der Aborigines gehören. Das fettarme Känguruhfleisch, das geschmacklich zwischen Rind und Wild liegt, wird vor allem Feinschmeckern und Touristen angeboten.

Die durchschnittliche australische Hausfrau bietet ihren Gästen heute mehr als nur den traditionellen Lammbraten: Knackig frisches chinesisches *Stir-Fry* aus dem Wok, thailändische Suppen mit Kokosnussmilch, griechische Moussaka oder selbst gemachte Pasta. Selbst das alte australische Barbecue ist oft nicht mehr das, was es mal war: Fleischstücke werden in exotischen Saucen mariniert oder auf Spieße gesteckt und nur leicht angebraten. Daneben brutzeln in eingelegte Krabbenschwänze und Fisch in Alufolie. Dazu gibt es Salate, Dips und italienisches oder türkisches Brot.

Man trinkt eiskaltes Bier, das in Geschmack und Würze europäischen Bieren etwas nachhinkt. Das gilt allerdings nicht für die teils exzellenten Biere diverser kleiner Boutiquebrauereien. Bestens sind australische Weine: erdige, trockene Rote, frische Weiße – sie zählen zur Weltklasse. Deutsche und italienische Einwanderer brachten die ersten guten Weinreben mit nach Australien. Heute werden australische Weine in die ganze Welt exportiert. In einigen australischen Restaurants kann, in wenigen muss man alkoholische Getränke selber mitbringen: *Bring your own* oder *BYO* heißt es an der Eingangstür. Man kauft die Getränke in benachbarten *Bottleshops*, die oft Pubs angeschlossen sind. Die Restaurants öffnen und kühlen die Flaschen und berechnen dafür eine Gebühr, die *corcage*.

TOP-MITBRINGSEL

Akubras, Bumerangs und Didgeridoos: Typisch australische
Souvenirs bekommen Sie fast überall

> Australien hat sich in den letzten 30 Jahren von einer Einkaufswüste zu einem Shoppingparadies gewandelt. Zumindest in den größeren Städten gibt es alles, landestypische Mitbringsel hält selbst der entlegenste Ort im Outback vorrätig. Allein das von den Airlines auf 20 kg beschränkte Fluggepäck in der Economy Class verbietet exzessives Shopping. Wer dennoch nicht widerstehen kann – insbesondere bei weniger handlichen Souvenirs – sollte den Versandservice zahlreicher Einzelhandelsgeschäfte in Anspruch nehmen. Wer seine Errungenschaften eigenhändig ausführt, kann die 10 Prozent Mehrwertsteuer zurückerhalten. Voraussetzung: Sie haben bis 30 Tage vor Abflug in einem Geschäft Waren in Wert von über 300 A$ erstanden und legen diese dem Zoll (TRS-Schalter) bei der Ausreise samt Rechnung vor.

ABORIGINAL-KUNST

Es wird viel Massenware angeboten, bei der kein einziger Ureinwohner je eine Hand im Spiel gehabt hat. Egal ob Rindenmalereien, Holzskulpturen, Bumerangs (Wurfgerät), Clap Sticks oder Didgeridoos (beides Klangkörper). Allerdings ist echte, womöglich künstlerische Handarbeit für den Laien nur schwer zu erkennen. Vertrauen Sie also den eingetragenen Aboriginal Art Galleries oder Aboriginal Cultural Centres, z. B. am Uluru (Ayers Rock). Und achten Sie auf ein „Label of Authenticity", dessen Registrierungsnummer den jeweiligen Künstler ausweist.

EDELSTEINE UND PERLEN

Bei Broome, im Norden von Western Australia, tauchen edle Zuchtperlen aus den Küstengewässern auf, während im Innern des Kontinents wertvolle Saphire und Opale geschürft werden. Die besten Preise gibt es vor Ort, z. B. in Coober Pedy. Die Juweliergeschäfte in den großen Städten halten mit aparten Fassungen dagegen. Wer sich traut, kauft einen

> EINKAUFEN

ungeschliffenen Stein oder eine unge-
fasste Perle und lässt die Kostbarkeit da-
heim beim Goldschmied des Vertrauens
in modische Form bringen. Kleine Opal-
kunde: Die blassen kosten am wenigs-
ten, die in allen möglichen Farben glit-
zernden am meisten.

OUTDOOR-KLEIDUNG

Akubra heißt die traditionelle australische Kopfbedeckung. Ein breitkrempiger,
aus feinsten Kaninchenhaaren gepress-
ter Hut, der vor sengender Sonne ebenso
schützt wie vor Regengüssen und Sand-
stürmen und deshalb gleich zu Beginn
der Reise gekauft werden sollte. Man
bekommt ihn in allen Größen und vielen
Formen, am besten in Hutläden oder bei
Outdoorausstattern wie R. M. Williams.
Hochwertige Akubras – und nur die sind
australientauglich – haben allerdings ihren Preis. Das Gleiche gilt für *Drizabones,*
wie die gewachsten Mäntel genannt
werden, mit denen die Viehhirten im
Outback der Witterung trotzen. Oder für
knöchelhohe Lederboots, in denen die

Füße in unwegsamem Terrain bestens
aufgehoben sind.

KROKODILLEDER

Gürtel, Taschen, Geldbörsen oder Stiefel:
Produkte der in Farmen gezüchteten
Tiere machen beim heimatlichen Zoll
keine Probleme, wenn man entspre-
chende Zertifikate vorweisen kann. Die
Ausfuhr von Känguruh- oder Possumfel-
len ist ebenfalls erlaubt. Ganz im Gegensatz zu Korallen oder geschützten Mu-
schelarten, die für die Ausfuhr tabu sind.

LADENÖFFNUNGSZEITEN

Unter der Woche sind die Geschäfte in
der Regel zwischen 9 und 17.30 Uhr geöffnet. In den Großstädten halten lange
Donnerstage oder Freitage die Konsum-
freude bis 21 Uhr auf Trab. Samstags
schließt der Einzelhandel spätestens um
17 Uhr, sonntags laden die Einkaufszen-
tren der Großstädte zwischen 10 und 16
Uhr zum Shoppen ein.

> MEER, WOLKENKRATZER UND STRÄNDE

Sydney ist für viele die schönste Hafenstadt der Welt

 KARTE IN DER HINTEREN UMSCHLAGKLAPPE

> **[175 E5–6] Das weiße Muscheldach der Oper gleißt in der strahlenden Sonne vor den Palmen des botanischen Gartens.**
Segelboote und Fähren durchschneiden die blauen Wogen des Hafens mit dem stählernen Bogen der Hafenbrücke. Braun gebrannte Menschen sitzen in Straßencafés und Restaurants vor einer Kulisse glitzernder Wolkenkratzer. Dies ist das Herz der Vier-Millionen-Stadt Sydney, einer lebhaften, multikulturellen Metropole und Hauptstadt des ältesten australischen Staats New South Wales. Die Geschichte der Stadt begann wenig verheißungsvoll als Ort der ersten britischen Sträflingskolonie in Australien. In Sydney Cove ging Captain Arthur Phillip am 26. Januar 1788 mit 750 Sträflingen und ihren Bewachern an Land. Heute legen dort die Fähren der Großstadt an.

Bild: Sydney, Harbour Bridge

SYDNEY

Sydney ist eine riesige Flächenstadt: Sie zieht sich über 100 km an der Küste entlang und breitet sich fast 70 km in Richtung Inland aus.

■ **SEHENSWERTES** ■

AQUARIUM [U A4–5]
In tiefen Plastiktunneln wandern Sie durch den Ozean. Überwältigend: das künstliche Barrier Reef mit tropischen Fischen und klassischer Musik. *Aquarium Pier | Darling Har-* *bour | tgl. 9–22 Uhr | Eintritt 25 A$ | www.sydneyaquarium.com.au | Zug: Town Hall | Ferry: Aquarium Pier | Monorail: Darling Park | Sydney Explorer Bus: Stop 24*

ART GALLERY OF
NEW SOUTH WALES ★ [O]
Das Haus am botanischen Garten beherbergt Werke australischer und internationaler Künstler. Besonders sehenswert: die impressionistischen

Gemälde der australischen Heidelberg School und *Yiribana*, die weltweit größte ständige Ausstellung der Kunst der Aborigines. *Art Gallery Road | The Domain | tgl. 10–17 Uhr | Eintritt frei | kostenlose Führungen 11, 12, 13 und 14 Uhr in verschiedenen Galerien | www.artgallery.nsw. gov.au | Bus 441 ab York Street (Queen Victoria Building) | Sydney Explorer Bus: Stop 6*

Säulen schmücken die Art Gallery

AUSTRALIAN MUSEUM [U C5]

Fleisch fressende Riesenkänguruhs, Monsterwombats und mit messerscharfen Zähnen bewehrte Dinosaurier – Sydneys naturhistorisches Museum gibt einen engagierten und oft humorvollen Einblick in die frühe Entstehungsgeschichte des australischen Kontinents und der darauf lebenden Menschen und Tiere. *6 Col-*

lege Street | tgl. 9.30–17 Uhr | Eintritt 10 A$ | www.amonline.net.au | City Rail bis Town Hall Station, dann zu Fuß über die Park Street

AUSTRALIAN NATIONAL MARITIME MUSEUM [U A4]

Das nationale Seefahrtsmuseum liegt direkt am Wasser des Darling Harbour. Die Ausstellung hebt die Bedeutung des Meers und der Seefahrt für die Bewohner der Rieseninsel Australien hervor. *2 Murray Street | tgl. 9.30–17 Uhr | Eintritt 10 A$ | www.anmm.gov.au | Bus 443 ab Circular Quay oder York Street | Fähre ab Circular Quay bis Pyrmont Bay | Monorail bis Harbourside Station*

CIRCULAR QUAY ★ [U B–C2]

Hier legen alle Fähren an – mit schneller Verbindung zur Bahn und zum zentralen Busbahnhof. Die breite Hafenpromenade am Circular Quay führt von den Rocks bis zum Opernhaus. Ein einmaliges Erlebnis, das ganz neue Ausblicke auf das Stadtpanorama beschert, ist eine Hafenrundfahrt lautlos gleitend in einem Seekajak, als geführte Tour zu buchen bei *Sydney Harbour Kayaks | Tel. 02/99 60 43 89; Captain Cook Cruises* veranstaltet Hafentouren mit Lunch/Dinner, *tgl. 9.30–20 Uhr | ab 55 A$ | No. 6 Jetty | Circular Quay | Tel. 02/92 06 11 22 | www.captain cook.com.au | The Spit Bridge, Mosman | Bus ab Wynard Station Stand C Richtung Mosman*

DARLING HARBOUR/ KING'S WHARF [U A4]

Der einstige Industriehafen von Sydney ist heute ein attraktives Ver-

Britisches Erbe: Shorts und Wadenstrümpfe

HARBOUR BRIDGE ⭐ [U B1]

Früher konnte man die 1932 eröffnete Sydney Harbour Bridge nur von weitem besichtigen – seit 1998 kann man sie besteigen. Die Dreieinhalbstundentour ist heute eine der Hauptattraktionen von Sydney. Die Touren sind oft Wochen im Voraus ausgebucht, Kameras dürfen nicht mitgenommen werden. Über Stahlleitern, stählerne Brücken und Treppen können Sie bis zum höchsten Punkt des Brückenbogens (134 m) klettern. *Bridge Climb | ab 170 A$ | 5 Cumberland Street | The Rocks | Tel. 02/ 82 74 77 77 | www.bridgeclimb.com | Bus/City Rail/Fähre bis Circular Quay, dann zu Fuß durch The Rocks*

JUSTICE & POLICE MUSEUM [U C2] *Insider Tipp*

Wo heute ein spannender und bisweilen gruseliger Einblick in die Geschichte und Geschichten der Gangster und Ganoven in und um Sydney vermittelt wird, war bis 1890 die Wachstation der Wasserpolizei unter-

gnügungszentrum. Regelmäßig an den Wochenenden finden hier auf mehreren Freilichtbühnen Aufführungen statt. *Mit Monorail und Lightrail oder mit dem Matilda Rocket Explorer ab Circular Quay (alle 45 Min. ab 9.55 Uhr | www.matilda. com.au)*

MARCO POLO HIGHLIGHTS

⭐ **Royal Botanic Gardens**
Exotische Pflanzen und beste Aussicht (Seite 37)

⭐ **The Rocks**
Historische Pubs, alte Warenhäuser, tolle Shops (Seite 36)

⭐ **Blue Mountains National Park**
Tiefe Wildnis unweit des Stadtrands (Seite 43)

⭐ **Harbour Bridge**
Über Stahltreppen und Leitern aufs Wahrzeichen der Stadt (Seite 35)

⭐ **Art Gallery of New South Wales**
Einblick in die Kunst der Aborigines (Seite 33)

⭐ **Circular Quay**
Restaurants, Cafés und Hafentouren (Seite 34)

⭐ **Bondi Beach**
Australiens berühmtester Strand (Seite 41)

⭐ **Opera House**
Revolutionäres Design für das kulturelle Zentrum Sydneys (Seite 36)

gebracht. Ein restaurierter Schnellge-
richtsraum, einige Ausnüchterungs-
zellen und eine Sammlung von
Mordwaffen, aber auch Hinterlassen-
schaften der legendären Ned-Kelly-
Gang zählen zu den Highlights. *Al-
bert/Phillip Street | Jan. tgl. 10–17,
Feb.–Dez. Sa/So 10–17 Uhr | Eintritt
7 A$ | zu Fuß ab Circular Quay*

MUSEUM OF CONTEMPORARY ART [U B2]

Andy Warhol ist in der Ausstellung
vertreten, ebenso wie Christo und andere bedeutende zeitgenössische
Künstler aus aller Welt. Ausgefalle-
nes verkauft der kleine Museumsladen,
Schmackhaftes serviert das
MCA-Café. *140 George Street (Cir-
cular Quay/The Rocks) | tgl. 10–17
Uhr | Eintritt frei | zu Fuß ab Circu-
lar Quay*

OPERA HOUSE ⭐ [U C1]

Das schimmernde Muscheldach des
Opernhauses direkt am Hafen ist das
Wahrzeichen der Stadt Sydney. Mit
dem revolutionären Design des Ge-
bäudes gewann der dänische Archi-
tekt Jörn Utzon einen Architekten-
preis – und das Recht, die Oper in
Sydney zu bauen. Nach sieben Jahren Ärger mit australischen Bürokra-
ten, denen das Projekt zu teuer
wurde, gab Utzon auf. Sein Werk
wurde erst nach 14 Jahren Bauzeit
vollendet – mithilfe einer Lotterie,
die das notwendige Geld einbrachte.
Die Oper beherbergt die Opern-
bühne, einen Konzertsaal und ein
Theater. *Sydney Opera House | Füh-
rungen tgl. 9–17 Uhr (26 A$) | Ben-
nelong Point | www.sydneyopera
house.com | Bus/City Rail/Fähre bis
Circular Quay, dann zu Fuß entlang*

*Circular Quay East | Buslinien 324,
325 und 438*

THE ROCKS ⭐ [U B2]

Die Rocks am westlichen Ende des
Circular Quay sind der älteste Teil
von Sydney. 1788 errichteten Sträflinge auf dem felsigen Untergrund
die ersten richtigen Bauten der Stadt.
Die Sandsteingebäude, die heute den
Kai und die engen Pflastersteinstra-
ßen säumen, stammen von Anfang
oder Mitte des 19. Jhs. In den
1970er-Jahren sollten die historischen Gebäude Wolkenkratzern wei-
chen. Die Bauarbeitergewerkschaft
weigerte sich jedoch, die Häuser ab-
zureißen. Damals schickte der Staat
die Polizei – heute stehen die Rocks
unter Denkmalschutz. Die unmittel-
bare Nähe zum Circular Quay und
die vielen Kneipen und Restaurants
haben aus den Rocks *(www.therocks.
com.au)* mittlerweile ein sehr belieb-
tes touristisches Viertel gemacht, besonders beliebt ist am Wochenende
der Freiluftmarkt. An vergangene
Zeiten erinnert das hübsche *Rocks*

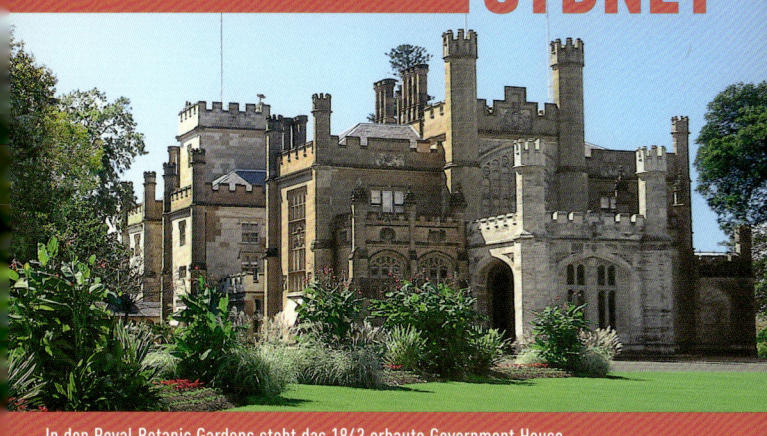

In den Royal Botanic Gardens steht das 1843 erbaute Government House

Discovery Museum (2–8 Kendall Lane via Argyle Street | tgl. 10–17 Uhr | Eintritt frei | www.rocksdiscoverymuseum.com). Lebendige Geschichte vermitteln die 90-minütigen *Rocks Walking Tours* (Mo–Fr 12.30, Sa/So 11.30 und 14 Uhr | 23 Playfair Street | Tel. 02/92 47 66 78 | *www.rockswalkingtours.com.au*) | Bus/City Rail/Fähre bis Circular Quay

ROYAL BOTANIC GARDENS ⭐ [U C2–3]

Die botanischen Gärten liegen an der schönsten Hafenbucht von Sydney – nicht weit vom Opernhaus entfernt. Einst waren dort die Felder der ersten Farm der Sträflingskolonie. 1816 wurde der erste Teil des Gartens angelegt, der vor allem australische Bäume und Pflanzen ausstellt. Ein gepflegter Weg führt vom Opernhaus am Wasser entlang bis zu ☀️ *Lady Macquarie's Chair,* einem in Fels gehauenen Sitz. Die Frau des Gouverneurs Macquarie sah sich von dort das Treiben im Hafen von Sydney an. Interessant: ein kühler Palmenhain mit zahlreichen Flughunden, der große Kräutergarten und das gläserne Tropenhaus. *Tgl. 7–20, März–Okt. bis 18.30 Uhr | www.rbgsyd.gov.au | City Rail bis Circular Quay, Martin Place oder St. James*

SYDNEY TOWER ☀️ [U B–C4]

Das *Oberservation Deck* (ca. 24 A$) ist eine Möglichkeit, Sydney entspannt von oben zu sehen, ebenso ein Besuch im *Tower Restaurant* oder *Café (Tel. 02/82 23 38 00 | €–€€€)*. Abenteuerlich wird es, wenn Sie sich für den etwa 1.5 Stunden dauernden *Skywalk* entscheiden *(tgl. 9–22 Uhr | Tel. 02/93 33 92 00 | www.skywalk. com.au | ab 89 A$),* denn der Plattformboden in 268 m Höhe ist gläsern! Das 360-Grad-Panorama ist grandios, und ein Audioguide in deutscher Sprache liefert Erklärungen. *Pitt Street/Market Street, Centrepoint Shopping Complex | Monorail Centrepoint*

TARONGA ZOO [O]

Hervorragende Sammlung australischer Tiere. Besonders schön: das

Nachthaus, die tägliche *Seal Show* geretteter Seelöwen und die Freiflugshow australischer Vögel. *Head Road | Bradleys | tgl. 9–17 Uhr | Eintritt 22 A$ | www.zoo.nsw.gov.au | Fähre ab Circular Quay (kostenlos in Verbindung mit Zooticket, Infos im Visitor Centre gegenüber Wharf 4)*

■ ESSEN & TRINKEN ■

Die meisten und vor allem auch gute Restaurants finden Sie rund um Circular Quay und in Darling Harbour (Cockle Bay Wharf und Kings Street Wharf). Etwas außerhalb der City werden Sie fündig an der Oxford Street (Darlinghurst) und an der Bayswater Road bzw. Macleay Street in Kings Cross und Potts Point. Versäumen Sie nicht, mittags zum Sydney Fish Market zu gehen und mit frischen Garnelen und Austern einen delikaten Lunch am Wasser zu genießen (*Pyrmont Bridge Road/Bank Street | Light Rail Station: Fish Market*).

Insider Tipp

ARIA ☆ [U C1]

Einen solch schönen Ausblick auf Hafenbrücke und Oper wie im Aria hat man sonst nirgendwo. Die großen Glasfronten machen das Dinner genauso zum Erlebnis wie die herrliche, moderne australische Küche. *1 Macquarie Street | Tel. 02/92 52 25 55 | Sa mittags geschl. | €€€ | Circular Quay East*

BAMBINI TRUST CAFÉ [U C3]

Insider Tipp

Essen und Ambiente vom Feinsten, der Kaffee wird aus Italien eingeflogen. Tipp: Tagsüber einen *Coffee/Latte to go* ordern und im benachbarten Albert Park genießen. *185 Eliza-*

beth Street | Sa/So geschl. | City Rail bis Martin Place

IL BARETTO [0]

Preisgünstig und doch sehr gut – so ein Lokal kommt bei den Sydneysidern an, weswegen hier zu allen Tageszeiten ein enormer Betrieb herrscht. Serviert werden Spezialitäten aus Norditalien, aber auch herzhafte Pasti und Pizzen. *496 Bourke Street | Tel. 02/93 61 61 63 | So geschl. | €–€€ | Bus 389 bis Darlinghurst (Stanley Street)*

BÉCASSE [0] **Insider Tipp**

Sydneys Starrestaurant. Der begabte Küchenchef Justin North kocht hier französische Gerichte vom Feinsten. *204 Clarence Street | Tel. 02/ 92 83 44 40 | Sa mittags und So/Mo geschl. | €€€ | Bus 504 bis George Street/Hunter Street*

HARBOURKITCHEN & BAR [U B1] **Insider Tipp**

Chef Danny Drinkwater kredenzt in dem trendigen Restaurant im Park Hyatt Hotel leichte Pazifikküche. *7 Hickson Road | Tel. 02/92 56 16 61 | kein Ruhetag | €€ | Bus 438 bis George Street/Wynyard*

HARRY'S CAFÉ DE WHEELS [0]

Ein Gourmet darf sich dabei nicht erwischen lassen: Bei Harry's gibt es seit Jahrzehnten *pies,* die undefinierbaren australischen Fleischtörtchen, in vielen Variationen. *Cowper Wharf Road | Tel. 02/93 57 30 74 | kein Ruhetag | € | Bus 311 bis Potts Point*

ICEBERGS [0]

Hier ist alles vom Feinsten – vor allem das Essen. Originelle Fischküche. *1 Notts Avenue, Bondi | Tel. 02/93 65 90 00 | www.idrb.com | Mo geschl. | €€€ | Bus 333 bis Bondi/ Campbell Parade*

MANTA [0]

Die Räumlichkeiten sind eher schlicht gehalten – schwarze Holz-

SAILORS THAI CANTEEN [U B2]

Laut, lecker, und alle sitzen an einem (langen) Tisch; sehr authentische Thaiküche. *106 George Street | The Rocks | So geschl. | €€ | Bus/City Rail/Fähre bis Circular Quay, dann zu Fuß über George Street*

Abendstimmung in Sydney: Entspannung mit Blick auf das Opernhaus

tischchen und weiße Wände mit wenigen Bildern. Und das ist Programm fürs Essen: Die herrlich frischen Austern werden ebenso schnörkellos serviert wie der Tintenfisch auf arabische Art. *The Wharf at Woolloomooloo | Cowper Wharf Road | Tel. 02/93 32 38 22 | kein Ruhetag | €€€ | Bus 311 bis Potts Point*

WILDFIRE [U B1–2]

Für die kreative internationale Küche (Regenbogenforelle in Zitrusbouillon) mit Preisen überhäuft wurde Sydneys gastronomischer Shooting Star. Reservierung ratsam. *Ground Level Overseas Passenger Terminal | Circular Quay West | Tel. 02/82 73 12 22 | kein Ruhetag | €€€ | bis Cir-*

cular Quay, dann zu Fuß entlang Circular Quay West

■ EINKAUFEN

Die prachtvollen Sandsteinbauten der *Strand Arcade (255 Pitt Street | City Rail bis Town Hall)* **[U B4]** und des *Queen Victoria Building (455 George Street | City Rail bis Town Hall)* **[U B5]** beherbergen schicke Boutiquen, Designergeschäfte und Teesalons.

Schrille Mode gibt es an der *King Street (Bus 422)* **[U B4–5]** in Newtown und auf der ▶▶ *Glebe Point Road (Bus 433)* **[0]** im Studentenviertel Glebe. Einige australische Topdesigner haben Boutiquen an der *Oxford Street* **[U C6]** in Paddington *(Bus 333 bis Darlinghurst Road)*. Dort findet samstags rund um die St. John's Church der populärste Markt der Stadt statt *(www.paddingtonmar kets.com.au)*. Authentische Aboriginekunst verkaufen *Hogarth Galleries Aboriginal Art | 7 Walker Lane | Paddington | www.aboriginalartcen tres.com | Bus 389 bis MacDonald Avenue* **[0]** und *The Aboriginal & Tribal Art Centre | 117 George Street | ab Circular Quay zu Fuß* **[U B3]**.

■ ÜBERNACHTEN

MANLY BACKPACKERS BEACHSIDE **[0]**

Inside Tipp

Tolle Lage, nur 50 m vom feinsandigen Strand entfernt. Die Einrichtungen sind sehr gepflegt. *4 Zi., 3 Schlafsäle | 28 Raglan Street | Tel. 02/99 77 34 11 | Fax 99 77 43 79 | www.manlybackpackers.com.au | €| Fähre ab Circular Quay*

QUAY WEST SUITES SYDNEY **[U B1]**

Luxushotel mit Hafenaussicht und einem tollen „römischen" Pool. *121 Zi. | 98 Gloucester Street | Tel. 02/*

Seit über 100 Jahren entspannen die Sydneysider am berühmten Bondi Beach

92 4060 00 | *www.mirvac.com.au* |
€€€ | *ab Circular Quay zu Fuß*

OLD SYDNEY HOLIDAY INN [U B2]

Insider Tipp

*Atriumhotel mitten in den Rocks; die
Zimmer sind teilweise etwas klein,
einige haben Blick auf Oper und Harbour Bridge, der jedoch für alle
Gäste vom Pool auf dem Dach aus
einfach unschlagbar ist. 175 Zi. | 55
George Street | Tel. 02/92 52 05 24 |
Fax 92 51 20 93 | www.ichotels
group.com | €€€ | Circular Quay*

TRICKETTS B&B [0]

Die Eigentümerin Liz Trickett hat
das viktorianische Stadthäuschen in
ein kleines, behagliches Schmuck-
stück umbauen lassen. Es gibt viele
Restaurants in der näheren Umge-
bung. *7 Zi. | 270 Glebe Point Road |
Tel. 02/95 52 11 41 | Fax 96 92 96 42
| €€ | Bus 431 bis Glebe Point*

VICTORIA COURT HOTEL [0]

Romantisch, klein und fein. In den
besten Zimmern dieses bald 120
Jahre alten Hauses gibt es offene
Marmorkamine, riesige Spiegel, glit-
zernde Leuchter, schmiedeeiserne
Balkone. *25 Zi. | 122 Victoria Street |
Tel. 02/93 57 32 00 | Fax 93 57 76 06
| www.victoriacourt.com.au | €€ |
Bus 389*

Y ON THE PARK [0]

Insider Tipp

Der Geheimtipp schlechthin – nicht
nur für Backpacker, sondern auch für
Familien gibt es sehr saubere Zimmer mit riesigen Schränken und so-
gar Safes. *150 Zi. | 5–11 Wentworth
Avenue | Tel. 02/92 64 24 51 | Fax
92 85 62 88 | www.ywca-sydney.com.
au | €–€€ | Bus 389*

▄ STRÄNDE ▄

Die über 30 Strände Sydneys ziehen
sich fast 100 km die Küste entlang.
★ *Bondi Beach,* der berühmteste,
ist mit Linienbussen oder dem Bondi
Explorer Bus ab Circular Quay zu erreichen. Von Bondi führt ein
☆ Wanderweg an Klippen und *Ta-
marama, Bronte* und *Clovelly Beach*
entlang bis nach *Coogee* (etwa 2
Std.). *Coogee Beach* ist ein hübscher
Familienstrand mit Hotels, Restaurants und Cafés.

▄ AM ABEND ▄
BARS

*Minus 5 (Opera Quays, Circular
Quay East | www.minus5experience.
com | kein Ruhetag | ab Circular
Quay zu Fuß)* [U C2] ist buchstäblich
eine coole Bar, die inmitten von Eis-
blöcken bei Temperaturen unter dem
Nullpunkt vor allem Wodka serviert.

Insider Tipp

Gäste erhalten einen warmen Mantel und dürfen maximal 30 Minuten bleiben – um anschließend aufgewärmt im benachbarten Restaurant *Lenin* Platz zu nehmen.

Establishment Bar [U B3]: Ein Hotspot der Szene: die Bar des Boutiquehotels Establishment im Erdgeschoss. *248–252 George Street | Mo–Sa 11–etwa 4 Uhr | Circular Quay*

Vivaz [U B2]: In diesem pfiffigen Club und Restaurant in den Rocks kann man zu Livemusik die Hüften schwingen – Samba, Salsa, Merengue, Lambada, Mambo oder Cumbia sind angesagt. *80 George Street | www.vivaznet.au | Livemusik Fr/Sa ab 22 Uhr | Circular Quay*

DISKOTHEKEN

Die Zentren des Nachtlebens liegen in der Oxford Street und den angrenzenden Vierteln Paddington und Kings Cross. Hier einige Adressen von Clubs, die vor allem an Wochenenden bis etwa 5 Uhr geöffnet haben: *Kinselas (383 Bourke Street | Bus 389); Sugareef (20 Bayswater Road | Bus 326 bis Kings Cross); Oxford Hotel (134 Oxford Street | Bus 333).*

KASINO

Star City [0]: Beeindruckendes Kasino mit hübschen Wasserspielen am Eingang und Shoppingmeile. *80 Pyrmont Street | www.starcity.com.au | Monorail*

THEATER & OPER

Company B/Belvoir Street Theatre [0]: Australiens führendes Theater, das u. a. Mel Gibson hervorbrachte. Karten für Aufführungen sind leider schnell vergriffen. Das Programm ist oft sehr experimentell. *25 Belvoir Street | Tel. 02/96 99 34 44 | www.belvoir.com.au | Bus 310 bis Surry Hills*

Theatre Royal [U B4]: Volkstümliches, aber auch experimentelles Theater und Comedy. *MLC Center | Pitt Street/King Street/Martin Place | Tel. 02/92 24 84 44 | Martin Place*

Wharf Theatre [0]: (Tanz-)Theater in der alten, stilvollen Walsh-Bay-Werft. Oft Mainstreamstücke, kaum Klassiker. *Pier 4–5 Hickson Road, Millers Point | Tel. 02/92 50 17 77 | Bus 431*

>LOW BUDGET

> Der Preis für den Bridge Climb in Sydney ist Ihnen viel zu hoch? Einen spektakulären Blick können Sie auch vom Pylon Lookout auf Stadt, Hafen und Opernhaus genießen. Sie erreichen den Pfeiler an der Brückenrampe vom Stadtteil The Rocks aus *(Bridge Stairs | Cumberland St. | tgl. 10–17 Uhr | www. pylonlookout.com.au).*

> Nur 60 A$ kostet der drei Tage gültige Blue Mountains Explorer Pass, der Sie ab Circular Quay ins Zentrum der Blue Mountains bringt (Wentworth Falls und Zig Zag Station). Von dort aus startet der Blue Mountains Explorer Bus zu 30 Attraktionen, Tickets z. B. am Circular Quay.

■ AUSKUNFT ■

SYDNEY VISITOR CENTRE   [U B2]

Argyle/Playfair Street, The Rocks Centre | Tel. 02/92 40 87 88 | www. sydneyvisitorcentre.com.au

SYDNEY

Hier ist man selten allein: Aussichtsplattform in den Blue Mountains

◼ ZIELE IN DER UMGEBUNG ◼

BLUE MOUNTAINS
NATIONAL PARK ★ [175 D5–6]

110 km westlich von Sydney beginnt die Wildnis der Blue Mountains. Die *Three Sisters,* eine beeindruckende Felsformation in der Nähe des Städtchen Katoombas, haben eine große spirituelle Bedeutung für die Aborigines der Gegend. Von der ☼ Aussichtsplattform in der Nähe der Three Sisters haben Sie einen atemberaubenden Blick auf die tiefen Schluchten und dicht bewaldeten Bergketten des Nationalparks. Übernachten können Sie z. B. in einer der zehn hölzernen *cabins* der *Jemby-Rinjah Eco Lodge* mitten im Busch, *336 Evans Lookout Road | Blackheath | Tel. 02/47 87 76 22 | www.jembyrinjah lodge.com.au | €€ – €€€.* Informationen, Karten, Bücher etc. gibt es beim *NPWS Blue Mountains Heritage Centre (Govetts Leap Road | Blackheath | Tel. 02/47 87 88 77 | www. visitbluemountains.com.au und www. ltl.com.au).*

HOMEBUSH BAY [175 E5]

Mit der River-Cat-Fähre ab Circular Quay Wharf 5 kommen Sie am besten zum Olympic Park in Homebush Bay, 14 km außerhalb. Vom *Olympic Park Visitor Centre* kann man einer Karte durch Parks und Gärten zu den schönsten olympischen Bauten folgen. Wer sich vom Laufen erholen möchte, sollte seine Badesachen mitbringen – und sich in einen der vielen Pools des *Sydney Aquatic Centre* stürzen. *Visitor Centre | Herb Elliot Avenue | www.sydneyolympicpark. com.au | tgl. 9–17 Uhr*

HUNTER VALLEY [175 E5]

Das Hunter Valley, etwa 160 km nördlich von Sydney, ist das älteste Weinanbaugebiet Australiens mit über 50 ausgezeichneten Weingütern *(www.winecountry.com.au).* Sie produzieren feine, fruchtige Weißweine und einige Rotweine (Pinot Noir und Shiraz). In vielen Weingütern gibt es erstklassige Restaurants und luxuriöse Unterkünfte.

> VOM MEER BIS IN DIE WÜSTE

New South Wales tritt aus dem Schatten der Hauptstadt Sydney

> Endlose Strände, Eukalyptuswälder um
romantische Seen, einsame Farmen und
Rinderstations, riesige Nationalparks von
der Wüste bis zum Regenwald, subtropische Hitze und Minustemperaturen in den
Skigebieten der Snowy Mountains – das
alles ist New South Wales.

Der „First State" *(www.visitnsw.com)*,
mit 801 600 km² mehr als doppelt so
groß wie Deutschland, ist das älteste
und bevölkerungsreichste Bundes-
land Australiens – aber außerhalb der

Vier-Millionen-Stadt Sydney merkt
man nicht viel davon. An der über
1000 km langen Küste gibt es noch
reichlich einsame Strände, in den
Bergen der Snowy Mountains können Sie tagelang wandern, ohne einem anderen Menschen zu begegnen
– und in den Pubs winziger Outback-
siedlungen sind Fremde durchaus
noch ein Ereignis. Im Bewusstsein
vieler Besucher, die auf dem Flughafen von Sydney landen, überschattet

Bild: Leuchtturm in New South Wales

NEW SOUTH WALES

die faszinierende Hauptstadt des Bundesstaats den „Rest" von New South Wales.

BATEMANS BAY

[177 F1] Der freundliche Ort (9500 Ew.) an der Mündung des Clyde River liegt rund 240 km südlich von Sydney. Von hier aus kann man gut die versteckten Strände, Fischerdörfer und Nationalparks der South Coast erforschen.

■ **SEHENSWERTES** ■

MURRAMURANG NATIONAL PARK

Der Nationalpark zieht sich an einer spektakulären Küste mit kleinen Sandstränden, steilen Klippen und Höhlen entlang. Wanderer und Fossiliensucher kommen hier auf ihre Kosten. Am *Pebbly Beach,* einem kleinen, geschützten Strand, gibt es

BATEMANS BAY

Klares Wasser: Jervis Bay National Park

zahlreiche, fast zahm wirkende Zwergkänguruhs.

ESSEN & TRINKEN

STARFISH DELI
Fisch- und Pizzarestaurant direkt am Wasser. *Clyde Street | Tel. 02/44 72 48 80 | kein Ruhetag | €*

ÜBERNACHTEN

SURF BEACH COUNTRY RETREAT
B & B mit Meerblick, Mineralquelle, Pool, Massagen, Aromatherapie. *18 Zi. | 676 The Ridge Road | Tel. 02/44 71 16 71 | www.surfbeachretreat.com.au | €€ – €€€*

AUSKUNFT

BATEMANS BAY VISITOR CENTRE
Princes Highway | Tel. 02/44 72 69 00 | www.naturecoasttourism.com.au

ZIELE IN DER UMGEBUNG

JERVIS BAY NATIONAL PARK [175 D–E6]
Der Park rund 100 km nördlich von Batemans Bay besteht aus Heideland, Eukalyptuswäldern und einigen kleinen Nischen mit Regenwald. Känguruhs, Wallabies und Flughunde sind fast überall zu sehen. Papageien setzen sich auf die Arme und Schultern derjenigen, die Papageienfutter mitgebracht haben. In der geschützten Bucht mit den gleißend weißen Stränden und kristallklarem Wasser leben Delphine und Pinguine. Im Winter kann man Wale beobachten *(Dolphin Watch Cruises | 50 Owen Street, Huskisson | tgl. 13 Uhr | ab 22 A$ | Tel. 02/44 41 63 11 | www.dolphinwatch.com.au).*

KIAMA [175 E6]
Der hübsche, historische Teil des Städtchens (11 000 Ew.) 130 km nördlich von Batemans Bay zieht sich an einer zerklüfteten Felsenküste entlang bis zum *Blowhole,* der besonderen Attraktion von Kiama. Bei Südwestwind türmen sich die Wellen vor den Felsen auf, rasen in eine tiefe Seehöhle und steigen in einer bis zu 60 m hohen Fontäne durch ein Loch im Fels empor.

SNOWY MOUNTAINS [177 E1–2]
Die Berge im Hinterland der Südküste werden bisher nur von wenigen ausländischen Touristen besucht. Dabei sind die Snowies nicht nur für Wintersportler attraktiv. Im Sommer können Sie in dem riesigen Nationalpark echte Bergeinsamkeit erleben, wie es sie in Europa nicht mehr gibt. Ein Großteil der „australischen Al-

pen", die sich bis nach Victoria ziehen, ist geschützt – in New South Wales im *Mount Kosciuszko National Park,* in Victoria im *Alpine National Park.* 2003 und 2006 haben Waldbrände erheblichen Schaden in der Region angerichtet. Touristische Hauptorte sind *Cooma, Thredbo* und *Jindabyne.*

Ein unvergessliches Erlebnis, besonders für Pferdefreunde, ist ein mehrtägiger Ritt durch die Randbezirke des Nationalparks *(Reynella Rides | 3–6 Tage alles inklusive etwa 890–1320 A$ | Adaminaby | Tel. 02/ 64 54 23 86 oder gebührenfrei 1800/ 02 99 09 | www.reynellarides.com. au).* Auskunft: *Snowy Mountains Tourist Information | Cooma | 119 Sharp Street | Tel. 02/64 50 17 42 | www.snowymountains.com.au, www. southcoast.com.au* und *www.natio nalparks.nsw.gov.au*

BYRON BAY

[175 F2] ⭐ **Jede Menge Wassersportaktivitäten, das traumhaft schöne Hinterland mit hohen Bergen und Regenwald und eine quirlige Kneipenszene machen Byron Bay (9000 Ew.) zur boomenden Touristenregion.** Einst tummelten sich hier Rucksackreisende und Aussteiger – doch die haben sich längst nach Nimbin ins Hinterland verzogen. Abends sorgen vor allem jüngere, gut situierte Reisende in der Bay Street an

der Waterfront so richtig für Stimmung – und tagsüber tummeln sich die Surfer an den autobahnbreiten Traumstränden. Der Badestrand *Main Beach* zieht sich 50 km bis fast an die Gold Coast von Queensland, während *Watego's Beach* ein absoluter Höhepunkt für Surfer ist, die die hohen, lang auslaufenden Wellen mit Delphinen um die Wette abreiten.

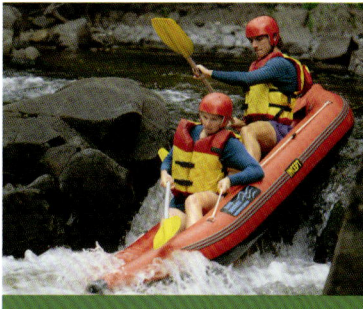

Rafting in den Snowy Mountains

■ SEHENSWERTES

CAPE BYRON ☼

Die von James Cook auf seiner ersten Reise (1768–71) benannte Halbinsel ragt weit ins Meer hinein. Sie können mit dem Auto bis zum alten Leuchtturm fahren oder dem gut angelegten Wanderpfad vom Aussichtspunkt *Captain Cook Lookout* folgen (3,5 km). Von dort haben Sie eine überwältigende Aussicht auf Watego's Bay. Im Juni/Juli und von Sep-

MARCO POLO HIGHLIGHTS

⭐ **Byron Bay**
Sonne, Sand, Surfer, Strände –
und eine tolle Landschaft
(Seite 47)

⭐ **Koala-Hospital**
Rührend kümmern sich
Tierärzte um verletzte Koalas
(Seite 50)

tember bis November kann man gut Wale beobachten.

■ ESSEN & TRINKEN

BOOMERANG GRILL

Weltküche vom Allerfeinsten in einen ganz eigenen, kreativen Mix. *Shop 5 | 2 Fletcher Street | Tel. 02/ 66 85 52 64 | mittags geschl. | €€*

FINS

Fisch und Fun ist die Devise: In dem durchgestylten Lokal tummeln sich die Trendsetter der Stadt. *The Beach Hotel | Bay Street | Tel. 02/ 66 85 50 29 | kein Ruhetag | €€€*

■ ÜBERNACHTEN

THE ARTS FACTORY
BACKPACKERS LODGE ▶▶

Ausgeflippte Unterkünfte *(tipis,* fünfeckige hölzerne *cabins,* Hängematten auf einer künstlichen Insel, Zelt, hübsches *cottage). Skinners*

>LOW BUDGET

> Flüge nach Australien sind zwischen Mai und Oktober am günstigsten, warum also nicht zum Wintersport in die Snowy Mountains? Die Ausrüstung kann man online im Voraus bestellen *(www.snowrental.net* und *www.snowholidays.com.au).*

> Gut und günstig isst man in den Clubs der Returned Services League, kurz RSL. Die mit Bar, Restaurant und Spielautomaten ausgestatteten Einrichtungen waren ursprünglich gedacht für die Kriegsveteranen, stehen aber jedem offen, der sich am Eingang mit Namen einträgt *(www.rsl.org.au).*

Shoot Road | Tel. 02/66 85 77 09 | www.artsfactory.com.au | € – €€

BYRON AT BYRON RESORT

Weite Terrassen, Möbel aus Bambus, kleine Wasseranlagen im Garten – das Resort ist eine Wohltat mitten im Regenwald, etwa fünf Minuten außerhalb von Byron Bay. *92 Zi. | 77 Broken Head Road | Tel. 02/ 66 39 20 00 | www.thebyronatbyron. com.au | €€€*

RAE'S ON WATEGO'S

Sieben Luxussuiten mit Meeresblick. *8 Marine Parade | Watego's Beach | Tel. 02/66 85 53 66 | www.raes.com. au | €€€*

■ AUSKUNFT

BYRON VISITOR CENTRE
80 Jonson Street | Tel. 02/66 85 80 50 | www.visitbyronbay.com

■ ZIELE IN DER UMGEBUNG

DORRIGO
NATIONAL PARK   [175 E3]

Der Park liegt 900 m hoch in den Bergen der Great Dividing Range, 250 km südlich von Byron Bay. Er ist einer der schönsten und zugänglichsten Nationalparks von New South Wales. Besonders gut: der 70 m hohe *Skywalk,* ein 250 m langer Pfad durch die Baumkronen des Regenwalds *(Dorrigo Rainforest Centre | tgl. 9–17 Uhr | Dome Road | www. dorrigo.com).* Übernachten können Sie im benachbarten Bellingen *(www.bellingen.com)* im *Rivendell B & B (4 Zi. | 10 Hyde Street | Tel. 02/66 55 00 60 | www.rivendellguest house.com.au | €).* In und um das hübsche historische Städtchen (2690

NEW SOUTH WALES

Wasserfall im schönen Dorrigo National Park

Ew.) haben sich zahlreiche Künstler, Kunsthandwerker und alternative Landwirte niedergelassen. Gute Kunstgeschäfte und ein nettes Café gibt es in der *Bellingen Butter Factory (2 Doepel Street)*.

MURWILLUMBAH
UND MOUNT WARNING [175 F2]
Das Hinterland von Byron Bay ist faszinierend: Nahe beieinander liegen hier Bananenplantagen, dichter Regenwald und kleine Orte mit einem bunten Gemisch alternativer Läden. Von Byron Bay fahren Sie am besten zuerst nach *Mullumbimby,* dann über den Highway bis nach *Murwillumbah (etwa 50 km).* Von da an geht es weiter über schmale, kurvige Straßen bis nach *Uki, Nimbin, Lismore* und die kleine Künstlerkolonie *Bangalow.* Zwischen Murwillumbah und Uki liegt die Abfahrt zum *Mount Warning National Park.* Der ⚓ Mount Warning ist der Rest eines riesigen Vulkans, der vor Millionen von Jahren ausbrach. Zwischen den Lavaformationen entstand eine einmalige Ökonische mit herrlichem Regenwald und seltener Flora und Fauna. Es lohnt sich, den Mount Warning zur frühen Morgenstunde zu besteigen (etwa 2 Std.), wenn die Sonne über dem östlichsten Punkt Australiens aufgeht und das Tiefland in ein faszinierendes Licht taucht. Aber Achtung: Das letzte Stück ist nur etwas für Schwindelfreie. Festes Schuhwerk ist erforderlich.

Insider Tipp

PORT MACQUARIE
[175 F4] Liebevoll wird sie von ihren Einwohnern Port genannt, die Stadt an der Mündung des Hastings River (40 000 Ew.). 1821 von Sträflingen gegründet, ist das Städtchen eine der ältesten australischen Siedlungen. Port Macquarie bietet viele Wassersportaktivitäten sowie kilometerlange Bade- und Surfstrände, die sich vom Town Beach und Oxley Beach unweit des

Stadtzentrums bis zum Lighthouse Beach im Süden erstrecken.

■ SEHENSWERTES ■
AUSTERNFARMEN

In den Gewässern von Port Macquarie wird ein Gutteil der Austern, die in Australien verkauft werden, gezüchtet. Einige Rundfahrten stoppen an den Austernfarmen, zum Beispiel *Port Macquarie Cruise Adventures/Waterbus Evergladers Tour | Short Street Town Wharf | Tel. 02/65 83 84 83 oder 1300/55 58 90.*

KOALA HOSPITAL

Hier werden plüschige Patienten versorgt: Die größte Tierklinik dieser Art in Australien wird ehrenamtlich geführt und beherbergt oft mehr als 30 Koalas. Die hier aufgenommenen Beuteltiere wurden zum Beispiel bei Verkehrsunfällen oder Buschbränden verletzt. Sie werden von Tierärzten fachgerecht behandelt und nach ihrer Gesundung wieder in die freie Wildbahn entlassen. Gefüttert werden die Koalas täglich um 15 Uhr. *Lord Street | tgl. 9–17 Uhr | Eintritt frei, Spenden erwünscht | www.koala hilfe.de, www.koalahospital.org.au*

SEA ACRES RAINFOREST CENTRE

Auf einem 1,3 km langen Board-Walk – dem angeblich längsten Holzweg der Welt – werden Sie, teilweise in einer Höhe von bis zu 7 m, durch einen unberührten tropischen Regenwald geführt. Displays zeigen, wie die zweitgrößte Regenwaldlandschaft in New South Wales entstanden ist. Nehmen Sie sich mindestens eine Stunde Zeit. *Pacific Drive 6 km nördlich des Stadtzentrums | tgl. 9– 16.30 Uhr | Eintritt 20 A$*

■ ESSEN & TRINKEN ■
PORT MACQUARIE FISH MARKET

Hier gibt's u. a. frische Austern zu günstigen Preisen. *Clarence Street, am Hafen | Mo–Fr 8–18.30, Sa bis 16.30, So bis 16 Uhr*

■ ÜBERNACHTEN ■
SAILS RESORT

Das beste Hotel am Platz mit einem sehr guten Restaurant liegt direkt am Wasser, allerdings etwas außerhalb der Stadt, aber in der Nähe von Einkaufszentren. *83 Zi. | Park Street | Tel. 02/65 83 39 99 | Fax 65 84 03 97 | www.sailsresort.com.au | €€ – €€€*

> MUNGO NATIONAL PARK
Lake Mungo ist ein Pilgerort für Archäologen

Der etwa 280 km² große Mungo National Park liegt im Südwesten von New South Wales, etwa 420 km nordöstlich von Adelaide. Experten zufolge könnte hier eine der Wiegen der Menschheit liegen. Überreste von längst ausgestorbenen Tieren und frühgeschichtlichen Menschen zeugen von der Zehntausende Jahre alten Nutzung des Gebiets. Verschiedene Fossilien sollen über 40 000, nach manchen Schätzungen sogar 60 000 Jahre alt sein; darunter befinden sich auch Überreste des nach der Fundstätte benannten Mungo Man, die zu den ältesten Zeugnissen des Homo sapiens überhaupt gehören.

**SUNDOWNER BREAKWALL
TOURIST PARK**

In der Nähe der Stadt und direkt am Strand gelegen, sehr sonniger Platz. *22 cabins und Wohnungen | 1 Munster Street | Tel. 02/65 83 27 55 | Fax 65 84 01 23 | www.sundownerholidays.com | €*

von Port Macquarie. Unverwüstlich müssen sie sein, Regen und Sonne genauso aushalten wie Frost. Der Filz wird aus Kaninchenhaaren gefertigt – nur das weiche Unterfell wird dabei verwendet. Der Name Akubra stammt aus der Sprache der Aborigines – er bedeutet Kopfbede-

Antreten zum Gruppenbild: Für mehr Koalas war hier kein Platz

AUSKUNFT

VISITOR INFORMATION CENTRE
Gordon Street/Gore Street | Tel. 02/65 81 80 00 | Fax 65 81 80 10 | www.portmacquarieinfo.com.au

ZIEL IN DER UMGEBUNG

KEMPSEY [175 F4]

Seit 1974 kommen alle Akubra-Hüte Australiens aus dem kleinen Städtchen (11 000 Ew.) 40 km nördlich

ckung. Leider kann die einzige Fabrik nicht besichtigt werden. Bei der *Kempsey Visitor Information (Pacific Highway/South Kempsey Park | Tel. 02/65 63 15 55 | Fax 65 63 15 37 | www.macleayvalleycoast.com.au | tgl. 9–17 Uhr)* können Sie sich jedoch ein 15-minütiges Video über die Herstellung der Hüte ansehen und sich im Ort in verschiedenen Geschäften mit Akubras eindecken.

> KÜNSTLICHE METROPOLE
Wo heute die Politiker parlieren,
blökten bis Anfang des letzten Jahrhunderts die Schafe

> **Canberra [175 D6] ist das Ergebnis eines Kompromisses zwischen Sydney und Melbourne, die sich nicht darauf einigen konnten, wer den Status der Hauptstadt erhalten sollte. Sie wurde buchstäblich ins Nirgendwo gebaut.**

Canberry, Treffpunkt, nannten die Aborigines die Gegend. Die amerikanischen Architekten Walter Burley Griffin und Marion Mahony Griffin erhielten 1912 den Zuschlag, die Stadt zu bauen. Ihr geometrisches Design prägt Canberra (330 000 Ew.). Die Stadt nimmt mit Vororten etwa ein Viertel des 2400 km^2 großen Territoriums der australischen Hauptstadt, des Australian Capital Territory (ATC), ein. Canberra hat zwei Herzen: den nördlichen Stadtbereich um den London Circuit und den südlichen Bezirk um den Capital Hill, auf dem das Parlamentsgebäude thront. Um sich einen Überblick über die Stadt zu verschaffen, bietet sich

Bild: Blick vom Black Mountain auf Canberra

CANBERRA

eine Fahrt auf den ☀ *Mount Ainslie Lookou*t an, von wo der Parlamentsbezirk gut zu sehen ist.

◼ SEHENSWERTES ◼

NATIONAL GALLERY OF AUSTRALIA ★
Internationale Kunst aus fünf Jahrtausenden und eine hervorragende Sammlung von teils bis zu 30 000 Jahre alten Aboriginalarbeiten. *Parkes Place | tgl. 10–17 Uhr | Eintritt frei | www.nga.gov.au*

NATIONAL MUSEUM OF AUSTRALIA
Das 2001 eröffnete Museum gibt einen guten Einblick in die Geschichte und vielseitige Kultur Australiens. Die Themenpalette reicht von der Geschichte der Aborigines bis zur Bedeutung, die der Brotaufstrich *Vegemite* für die Kultur der Australier hat. *Lawson Cres | Acton Peninsula | tgl. 9–17 Uhr | Eintritt frei | www. nma.gov.au*

PARLIAMENT HOUSE

Das Parlamentsgebäude ist Sitz der beiden nationalen Parlamente, dem Repräsentantenhaus (im grünen Saal) und dem Senat (im roten Saal). Der 81 m hohe Fahnenmast auf dem Dach ist zum Symbol der Stadt Canberra geworden. Mit Kosten von 1,1 Mia. A$ ist das 1988 eingeweihte Haus das teuerste je in Australien gebaute Gebäude. Mehr als 3000 Kunstwerke sind im Parlament ausgestellt, viele davon in den öffentlich zugänglichen Räumen. Kostenlose Führungen (mit Audioguide in Deutsch) können direkt vor Ort gebucht werden. Ein Besuch ist gerade dann interessant, wenn im Parlament die Fragestunde *(Question Time)* stattfindet. Gegenseitige Beschimpfungen und Anpöbeleien zwischen Regierung und Opposition sind nicht ungewöhnlich.

Auskunft über Sitzungstage und Öffnungszeiten *Tel. 02/62 77 48 99 | www.aph.gov.au*

>LOW BUDGET

> Das *Australian War Memorial* am Treloar Crescent hält monumental die Erinnerung an die Weltkriege und deren Opfer wach. Dazu werden täglich 90-minütige, kostenlose Führungen angeboten *(Tel. 02/62 43 42 11 | www.awm. gov.au)*.

> Australische Kinoklassiker präsentiert kostenlos das *Screen Sound Australia – National Screen & Sound Archive*. Ein Muss für Cineasten. *McCoy Circuit | Mo–Fr 9–17, Sa/So 10–17 Uhr | www.screensound.gov.au*

■ ESSEN & TRINKEN ■
ANISE
Gutes Restaurant der gehobenen Preisklasse. Australische Küche mit europäischem und gelegentlich arabischem Einfluss. *20 West Row | Melbourne Building | Tel. 02/62 57 07 00 | kein Ruhetag | €€€*

SAMMY'S KITCHEN
Insi Tip

Exzellente asiatische Küche im Stadtzentrum. Versuchen Sie das Shan Tung Chicken. Reservierung empfiehlt sich. *Bunda Street | Garema Centre | Tel. 02/62 47 14 64 | kein Ruhetag | €€*

■ ÜBERNACHTEN ■
CANBERRA CITY BACKPACKERS
Günstige und für den Preis sehr komfortable Unterkunft mitten im Stadtzentrum. *7 Akuna Street | Tel. 02/ 62 57 39 99 oder (gebührenfrei) 1800/30 04 88 | www.canberraback packers.net.au | €€*

■ AM ABEND ■
Einen Veranstaltungskalender finden Sie unter *www.outincanberra.com.au.*

BARS
Hippo Lounge Bar: Bekannt für die *Insi Tip* besten Martinis der Stadt. Die Eigentümer Sasha Trpkovski und Robert Reck haben auch ein Faible für guten Live-Jazz. Probieren Sie mal den hauseigenen Jet Li, einen fruchtigen Cocktail. *17 Garema Place | Mi–So ab etwa 17 Uhr*

Trinity Bar: Reduziertes Design, schicker Kirschholztresen in Gewölbekellerambiente: ein Chilloutplace mit tollen Cocktails. *28 Challis Street | Do–So ab nachmittags*

Das *Kapital (Unit 1 | 16 Uluka Street | Mo geschl.)* ist ab 16 Uhr eher in Kaffeelaune, abends servieren DJs Acoustic Jazz.

THEATER

Canberra Theatre: Es beheimatet auch das kleine Studiotheater *Play-* *atre* bietet vor allem Kabarett, das *Ralph Wilson Theatre* vor allem Tanz und Improvisationstheater. *Ainslie Avenue | Tel. 02/62 49 73 77 | www. gormanhouse.org.au*

Das *Street Theatre* ist Canberras neues Zentrum für Theateraufführungen und klassische Konzerte.

Das Parliament House wurde zum Teil in den Capitol Hill hineingebaut

house Theatre und konzentriert sich auf Dramen, Musicals und Comedy. *London Circuit | Tel. 02/62 57 10 77 oder gebührenfrei 1800/04 10 41 | www.canberratheatre.org.au*

Gorman House Arts Centre: Zwei Spielstätten in einem schönen, altehrwürdigen Gebäude; das *Bogong The-* *Childers. Street/University Avenue | Tel. 02/62 47 12 23 | www.the_street, org.au*

◼ AUSKUNFT ◼

CANBERRA VISITORS CENTRE
Northbourne Avenue | Tel. 02/62 05 00 44 | www.visitcanberra.com.au

MARCO POLO HIGHLIGHTS

⭐ **Parliament House**
Der Muss-Besuch im
politischen Herzen Australiens
(Seite 54)

⭐ **National Gallery of Australia**
Guter Einblick in das
Kunstschaffen
(Seite 53)

> LEBHAFTE KULTUR, ÜBERWÄLTIGENDE NATUR

Victoria bietet atemberaubende Küsten, kultivierten Lebensstil und Bushrangervergangenheit

> Victoria ist mit einer Fläche von annähernd 228 000 km^2 der zweitälteste, zweitkleinste und doch gleichzeitig vielfältigste Bundesstaat Australiens. Etwa 5 Mio. Menschen wohnen hier.

In Victoria gibt es alles: raue Felsküsten, weite Surfstrände, Sümpfe, landwirtschaftliche Gebiete, schneebedeckte Berge und tiefe Wüste. 1850 wurde in Victoria Gold entdeckt. Zehntausende Menschen aus aller Welt strömten daraufhin nach Melbourne, um in den benachbarten Goldfeldern ihr Glück zu suchen.

GRAMPIANS

[176 B2] Die bis zu 1000 m hohen, zerklüfteten Berge der Grampians ragen 260 km westlich von Melbourne aus grünem Weideland auf. Versteckte Schluchten, klare Flüsse und spektakuläre Wasserfälle bieten einer Vielfalt von Pflanzen und Tieren eine Heimat.

Bild: Blick vom Schiff auf Melbourne

VICTORIA

Für die örtlichen Aborigines haben die Berge, die sie *Gariwerd* nennen, eine hohe spirituelle Bedeutung. Davon zeugen zahlreiche Felsmalereien. Man findet sie am besten mit einem Führer. Das *Brambuk Aboriginal Cultural Centre* im Hauptort *Halls Gap (Dunkeld Road | www. brambuk.com.au)* beherbergt eine Ausstellung, die das Leben und die Traumzeitgeschichten der örtlichen Aborigines erklärt. Halls Gap

(250 Ew.) ist auch der beste Ausgangspunkt für Wanderer, Naturbegeisterte und Liebhaber extremer Sportarten in den Grampians. Ermüdete Wanderer finden im Café oder Restaurant *Kookaburra (Di–So ab 12 Uhr | Main Road | Tel. 03/53 56 42 22 | €€)* genau das Richtige. Die 25 gemütlichen Blockhauskabinen im *D'Altons Resort (Glen Street | Tel. 03/53 56 46 66 | Fax 53 56 46 11 | www.daltonsresort.com.au | €€)* ha-

ben Veranden mit herrlicher Aussicht auf die Berge. Auch eine Jugendherberge gibt es in Halls Gap: *Grampians YHA Eco-Hostel* ist eine freundliche Öko-Herberge mit 60 Betten in Doppel- und Vierbettzimmern *(Buckler Street/Grampians Road | Tel. 03/53 56 45 44 | Fax 03/53 56 45 43 | www.yha.com.au |*

Bürger etwa darauf, dass ihre City of Diversity als größte griechische Gemeinde außerhalb Griechenlands gilt. Kein Wunder, dass die Menüs in den über 3000 Restaurants einfach alles bieten. Was darf es sein – mongolische, tibetanische, nepalesische oder jamaikanische Küche? Kunterbunt sind sogar die Straßenzüge der

Beeindruckende Architektur: Federation Square im Herzen Melbournes

€). Infos über die Grampians: *www. visitgrampians.com.au*

MELBOURNE

**KARTE
AUF SEITE 61**

[176–177 C–D 2–3] **Melbourne ist ein Mikrokosmos. Die ganze Welt scheint hier zu Hause zu sein – oder zumindest Angehörige von 140 Nationen.** Stolz sind die

schachbrettartig angelegten Stadt. Prächtige viktorianische Bauten reihen sich, etwa in der Collins Street, an kühne Wolkenkratzer oder moderne Einkaufszeilen aus Glas und Stahl. Und dazwischen liegen großzügige Parks wie die Queen Victoria Gardens oder die Royal Botanic Gardens. Und dass den Melbournians nicht langweilig wird, dafür sorgt ein prall gefüllter Veranstaltungskalender – Stadt der Ereignisse, City of Events, nennt sich die Drei-Millionen-Metropole auch.

■ SEHENSWERTES ■

AQUARIUM
Tiefseebegeisterte können hier den Ozean erleben, ohne sich die Füße nass zu machen. Besucher wandern in Plexiglastunneln durch die Unterwasserwelt. Eine Attraktion der besonderen Art ist eine Tauchpartie zu den Haien des Aquariums. *Queenswharf Road/King Street | tgl. 9.30–17, Jan. bis 21 Uhr | Eintritt 24 A$ | www.melbourneaquarium.com.au*

FEDERATION SQUARE ★
Der riesige, moderne Museums- und Restaurantkomplex direkt am Ufer des Yarra, gegenüber dem Flinders-Street-Bahnhof, feiert das 100-jährige Bestehen des Bundesstaats. In den spitzen, schrägen, verglasten oder mit Zink verkleideten Gebäuden befindet sich die größte Sammlung australischer Kunst, darunter eine ausgezeichnete Kollektion alter und moderner Kunst der Aborigines und die Sammlung der National Gallery of Victoria. *Tgl. 11–18 Uhr | Eintritt frei | www.fedsq.com*

GOLDEN MILE HERITAGE TRAIL
Die meisten Highlights der Stadt sind zu Fuß erreichbar. Die kostenlose *Official Melbourne Visitors' Map* macht es Besuchern leicht. Sie brauchen nur dem in Goldfarbe eingezeichneten Golden Mile Heritage Trail zu folgen *(Golden Mile Booklet ca. 4 A$ | zweistündige geführte Tour tgl. 10 Uhr ab Federation Square, ca. 20 A$ | Tel. 03/99 28 00 00 | www.visitvictoria.com.au).* Er führt durch die schicksten Citystraßen und durch *Chinatown,* vorbei an viktorianischen Einkaufsarkaden, Theatern, mehreren Museen, dem pompösen *Royal Exhibition Building* und endet am *Melbourne Museum.*

IMMIGRATION MUSEUM
Hier können Sie hautnah erleben, welche Schwierigkeiten die Menschen auf sich nahmen, die als Einwanderer nach Australien kamen. *400 Flinders Street | tgl. 10–17 Uhr | Eintritt 7 A$*

MELBOURNE MUSEUM ★
Das futuristische, interaktive Museum verbindet Architektur und Natur – mitten im Museum kann man in einem Wald spazieren. Die Bunji-

MARCO POLO HIGHLIGHTS

★ **Federation Square**
Schräge Architektur beherbergt die größte Sammlung australischer Kunst (Seite 59)

★ **Melbourne Museum**
Einblick in die Geschichte und Kultur der Aborigines (Seite 59)

★ **Royal Botanic Gardens**
Sport, Konzerte und Fledermäuse in Melbournes „grüner Lunge" (Seite 61)

★ **Phillip Island**
Befrackte Winzlinge marschieren abends in der Penguin Parade (Seite 66)

laka-Ausstellung im Erdgeschoss ist eine ausgezeichnete Einführung in die spirituelle, kulturelle und politische Geschichte und Gegenwart der Ureinwohner Australiens. *Nicholson Street/Carlton Gardens | tgl. 10–17 Uhr | Eintritt 15 A$*

OBSERVATION DECKS ❇

Gleich zweimal kann man in Melbourne hoch hinaus: Von der 253 m hohen Plattform der *Rialto Towers* haben Sie einen Paradeblick *(525 Collings Street | tgl. 11–23.30 Uhr | www.melbournedeck.com.au)*, ebenso wie von der 88. Etage des brandneuen Wohngebäudes *Eureka Tower* an der Southbank. In *The Edge*, einem Erker in 300 m Höhe für zwölf Personen, wird auf Knopfdruck das Glas von undurchsichtig auf transparent geschaltet – ein schwindelerregender Überraschungseffekt *(Riverside Quay | tgl. 10–22 Uhr | www. eurekaskydeck.com.au)*.

OLD MELBOURNE GAOL

Das düstere alte Gefängnis vermittelt einen Eindruck des harschen Justizsystems der ehemaligen britischen Kolonie Victoria. Zwischen 1845 und 1929 wurden dort 135 Menschen hingerichtet. Spannend sind die Abendführungen durchs Gefängnis bei Kerzenlicht *(Hangman's Night Tours | tgl. 19.30, Sommer 20.30 Uhr). Russell Street/Mackenzie Street | mit City Circle Tram bis Russell Street/Latrobe Street fahren | tgl. 9–17 Uhr.* Karten für die Abendführungen müssen über *Ticketek, Tel. 13 28 49,* gebucht werden.

POLLY WOODSIDE MARITIME MUSEUM

Das von Freiwilligen restaurierte Segelschiff von 1885, das neben dem Seefahrtsmuseum vor Anker liegt, vermittelt Besuchern einen Eindruck des Alltags einer Seglermannschaft um die Wende zum 20. Jhs. *Southbank/Lorimer Street East | tgl. 10–16*

Royal Botanical Gardens: Wir füttern lieber Schwäne, als seltene Pflanzen zu betrachten

Uhr | Eintritt 9,90 A$ | *www.nattrust.com.au*

ROYAL BOTANIC GARDENS ⭐
Der über 35 000 m² große botanische Garten am Ufer des Yarra ist das grüne Juwel der Stadt – mit Seen, Wander- und Radwegen, über 60 000 seltenen Pflanzenarten aus aller Welt, Papageien, Flughunden, nachtaktiven Possums, schattigen Alleen, formellen Gärten und eleganten *tea rooms*. Im Sommer finden abends Openairveranstaltungen auf der überdachten Bühne der *Sydney Myer Music Bowl* statt. Ein besonderes Erlebnis ist der *Aboriginal Heritage Walk.* Auf einem Gang durch den botanischen Garten erklären Koori-Führer

ihre Geschichte und Kultur. Sie zeigen, welche Pflanzen und Früchte als Nahrungs- oder Heilmittel gesammelt und wie sie zubereitet wurden. *Visitors Centre | Observatory Gate | Birdwood Avenue | www.rbg.vic. gov.au | Do/Fr 11, So (14-tägl.) 10.30 Uhr | Dauer ca. 2 Std. | Eintritt 16 A$*

ST. KILDA BEACH
Das historische Strandbad St. Kilda ist einer der lebhaftesten Stadtteile von Melbourne. Der alte Pier und die viktorianischen Bäder am Strand sind sorgfältig renoviert worden. Auf der palmengesäumten Esplanade bieten sonntags Künstler und Kunsthandwerker ihre Waren an. In den breiten, geschäftigen Straßen gibt es

Hunderte Restaurants und Cafés, Handleser und Geschäfte mit schriller Retromode. Mit der Straßenbahn erreichen Sie das Strandbad von der City aus in etwa 15 Minuten.

■ ESSEN & TRINKEN ■

BECCO

Himmlische Desserts und eine raffinierte italienische Küche haben das Lokal vor allem bei Melbournians beliebt gemacht. *11–25 Crossley Street | Tel. 03/96 63 30 00 | So geschl. | €€*

CIRCA

Mitten im Zentrum des Nachtlebens, im Stadtteil St. Kilda Beach, befindet sich eines der stilvollsten Restaurants von Melbourne (im Designerhotel The Prince). Besonders empfehlenswert: das fünfgängige Schnuppermenü *(tasting menu). 2 Acland Street | Tel. 03/95 36 11 22 | kein Ruhetag | €€€*

COOKIE

Tolle Thaiküche, super Baratmosphäre *(252 Swanston Street, Curtin House 1. Etage | Tel. 03/96 63 76 60, www.cookiemelbournaustralia.com.au | €€).* Im Freien, auf dem Dach des Gebäudes, befindet sich von Dezember bis Anfang April das *Rooftop Cinema* mit 175 Plätzen (meist Liegestühle) und einer kleinen Burger Bar *(Tel. 03/96 63 35 96 | Ticketbestellung zwischen 15 und 18 Uhr | ca. 18 A$ | www.rooftopcinema.com.au).*

Insider Tip

MELBOURNE OYSTER BAR

Exzellentes Seafoodrestaurant. *209 King Street | Tel. 03/96 70 18 81, www.melbourneoysterbar.com.au | Sa/So mittags geschl. | €€*

RICHMOND HILL CAFÉ & LARDER

Australisches Spezialitätengeschäft, Straßencafé und Restaurant, besonders berühmt für guten Käse. Moderne australische Küche. *48–50 Bridge Road | Tel. 03/94 21 28 08 | kein Ruhetag | €€*

■ EINKAUFEN ■

Melbourne ist eine ideale Stadt für Shoppingfans. Tipp: Starten Sie auf der *Flinders Street* gegenüber der *Flinders Street Station* und gehen Sie in die *Degraves Street,* überqueren die *Flinders Lane* und weiter zum *Centre Place* (zwischen *Flinders Lane* und *Collins Street*). Überall wird erstklassiger Kaffee serviert. Überqueren Sie die *Collins Street* und gehen schräg in die *Block Arcade,* die Sie zur *Little Collins Street* führt, die zwischen der *Block Arcade* und *Russell Street* besonders interessant ist. In der Nähe *(Ecke Bourke*

Geschmackvoll eingerichtete Arkaden verlocken zum Geldausgeben

Street Mall und Elizabeth Street) befindet sich auch die älteste Einkaufsarkade der Stadt, die *Royal Arcade* (beste Schokolade bei *Koko Black*). Melbournes eleganteste Einkaufsmeile ist die *Collins Street (www.collinsstreet.com.au).* Designerlabels gibt es im teuren Stadtteil Toorak auf der *Toorak Road* und in der *Chapel Street* in Prahan, Geschenkideen, Souvenirs und Mode im *Southgatekomplex* an der Southbank.

MELBOURNE CENTRAL

Mehr als ein Shoppingcenter mit rund 180 Geschäften, Restaurants und Boutiquen, die australische Marken wie *Coogi* und *R. M. Williams* (schicke Outbackmode) führen. Das Central ist ein architektonisches Kunstwerk. Um den 100 Jahre alten Shot-Ziegelsteinturm wurde eine mächtige Glaskuppel gebaut. *Swanston Street/La Trobe Street*

QUEEN VICTORIA MARKET

Berge von glänzenden Orangen und Zitronen, sorgfältig gestapelte Apfelpyramiden, Mangos, süße Kuchen und Croissants, Stände mit Würsten und Parmaschinken, Hunderte von Käsesorten, frisch gebackenes Brot – und über allem der bittersüße Duft starken Espressos und asiatischer Gewürze – das ist der über 100 Jahre alte Queen Victoria Market am nördlichen Ende der City. Hier kann man leicht einen halben Tag verbringen. *Di und Do 6–14, Fr 6–18, Sa 6–15, So 9–16 Uhr | www.qvm.com.au*

ÜBERNACHTEN

THE LINDRUM

Klassisches Boutiquehotel mitten im Zentrum, schräg gegenüber die Haltestelle der kostenlosen City Circle Line. *59 Zi. | 26 Flinders Street | Tel. 96 68 11 11 | Fax 96 68 11 99 | www.hotellindrum.com.au | €€€*

MELBOURNE

THE PRINCE TOLARNO BOUTIQUE HOTEL
Eines der schicksten Hotels der Stadt, supermodern eingerichtet und cool gestylt. *40 Zi. | 2 Acland Street | Tel. 03/95 36 11 11 | Fax 95 36 11 00 | www.theprince.com.au | €€€*

TRAVELODGE
Ein gutes Standardhotel, ideal nahe dem Yarra River an der Southbank. Jedes der 275 Zimmer hat eine Miniküche, einen Fernseher und Internetanschluss. *Southgate Avenue/Riverside Quay | Tel. 03/86 96 96 00 | Fax 96 90 11 60 | www.travelodge.com. au | €€*

VIBE SAVOY
Ideal gelegen zwischen Docklands, Central Business District und Southbank, gleich gegenüber der Southern Cross/Spencer Street Station. Art-déco-Ambiente, gutes Preis-Leistungs-Verhältnis. *172 Zi. | 630 Little Collins Street | Tel. 03/96 22 88 88 | Fax 96 22 88 18 | www.vibehotels. com.au | €€*

▰▰ FREIZEIT & SPORT ▰▰▰
Die Einwohner von Melbourne sind sportbesessen. Im australischen Winter füllen jedes Wochenende Zehntausende Fans mehrere Stadien der AFL-Fußballclubs. Sie spielen *Aussie Rules,* eine ganz eigene, wahnsinnig schnelle und athletische Art des Fußballs, in dem fast alles erlaubt scheint. Tickets über *Ticketmaster Bass (Tel. 1300/13 61 22)* oder das Internet buchen *(www.afl.com.au).*

Insider Tip

▰▰ AM ABEND ▰▰▰▰▰
Ballett, klassische Konzerte, Theater- und Opernaufführungen finden weit-

Melbourne, Stadt der Banken: So sieht das Geschäftsviertel von den Rialto Towers aus

gehend im *Victorian Arts Centre* statt, Ticketbuchungen unter *Tel. 03/96 45 79 70* | *Mo–Fr 9–17 Uhr* oder beim Bass-Service, *Tel. 1300/ 13 61 66 (www.ticketmaster.com.au).* Restkarten zum halben Preis (nur Barzahlung) gibt es am Tag der jeweiligen Vorstellung am *Halftix-Kiosk (Bourke Street Mall* | *Mo und Sa 10–14, Di–Fr 11–18 Uhr).*

Melbourne ist die Stadt der Nachtschwärmer – insbesondere am Wochenende. Eines der Zentren ist die ▶▶ *Brunswick Street.* In Szenetreffs wie der *Bar Open (317 Brunswick Street* | *tgl. 12–2 Uhr)* begegnet man eher kosmopolitischen Travellern, Freaks, der Alternativszene. Doch auch ganz ▶▶ *South Yarra* mit seinen vielen Trendcafés, Bars und Diskotheken ist beliebt – insbesondere die Chapel Street. Vor der Retro-In-Bar

Onesixone (161 High Street/Chapel Street | *Do–So 17 bis etwa 4 Uhr)* bilden sich oft ebenso lange Schlangen wie vor dem *La La Land (Hardware Street* | *Do–Sa etwa 17–3 Uhr).* Einen Besuch wert ist auf jeden Fall *The Metro (20–30 Bourke Street* | *Mi–So 21–5 Uhr* | *Eintritt etwa 7 A$),* die größte Diskothek der Südhalbkugel, die mit ihren drei Etagen rund 2000 Menschen fasst. Alle Auftritte in der Szene erfahren Sie unter *www.beat.com.au,* dem Onlineauftritt von Melbournes größtem Streetpaper.

■ AUSKUNFT ■

MELBOURNE VISITOR INFORMATION CENTRE
Federation Square | *Flinders Street/ Russell Street* | *Tel. 03/96 58 99 55* | *www.visitvictoria.com*

■ ZIELE IN DER UMGEBUNG ■

APOLLO BAY [176 C3]

Das hübsche Fischerdorf 130 km südwestlich von Melbourne (2500 Ew.) mit Strand und abenteuerlichem Hinterland eignet sich gut für den ersten längeren Aufenthalt auf der Küstenstraße *Great Ocean Road* (siehe Tour 2, Seite 131). Übernachten können Sie im *Captain's at the Bay (21 Pascoe Street* | *Tel. 03/ 52 37 67 71* | *Fax 52 37 73 37* | *www. captains.net.au* | *€€).* Moderne australische Küche bietet *La Bimba (125 Great Ocean Road* | *Tel. 03/ 52 37 74 11* | *kein Ruhetag* | *€€),* vor allem frischen Fisch und Langusten.

BALLARAT GOLDFIELDS [176 C2]
Gold, Gold, Gold! Wer selber Gold suchen, in einer Postkutsche reisen

oder hübsch „behütete" Damen in schicken Reifröcken bewundern möchte, sollte unbedingt Ballarat (85 000 Ew.), 110 km nordwestlich von Melbourne, besuchen *(www.ballarat.com)*. Hier begann 1851 der australische Goldrausch, hier wurden einige der größten Goldnuggets der Welt gefunden. Die alte Stadt, inklusive Bäckereien, Pubs, Minentunneln und einer kleinen Schule, gibt es heute noch – in *Sovereign Hill,* einem lebenden Museum am Rand von Ballarat. Abends erinnert die Licht- und Tonschau „Blood on the Southern Cross" an den kurzen Aufstand der Goldgräber gegen die britische Kolonialregierung 1854, die sogenannte *Eureka Stockade,* der blutig niedergeschlagen wurde. *(Sovereign Hill Gold Mining Township | Main Road/ Bradshaw Street | tgl. 10–17 Uhr | Eintritt 29 A$ | www.sovereignhill. com.au),* Ton- und Lichtschau tgl. zu unterschiedlichen Zeiten (Eintritt 35

A$ | unbedingt vorbuchen | Tel. 03/ 53 32 97 40)

Die *Sovereign Hill Lodge (200 Betten | Magpie Street | Tel. 03/53 33 34 09 | Fax 53 33 58 61 | www. sovereignhill.com | €–€€€)* gleich neben dem Sovereign Hill Museum verfügt über Unterkünfte aller Preisklassen von Schlafsälen bis zu Luxuszimmern im viktorianischen Stil.

PHILLIP ISLAND ⭐   [177 D3]
Die Insel 140 km südöstlich von Melbourne ist über eine Brücke zu erreichen. Tolle Strände wie der *Cape Woolamai Beach* laden zum Schwimmen und Sonnenbaden ein. Am *Summerland Beach* im Süden springen jeden Abend winzige Fairy-Pinguine an Land. Sie watscheln in würdevollen Prozessionen bis zu ihren Bruthöhlen *(www.penguins.org. au)*. Das Beobachten der Pinguine ist streng reguliert. Tickets *(18 A$)* gibt es beim *Phillip Island Information*

Beschauliches Bild: Freizeitboote im Hafen von Port Fairy

Centre (www.phillipisland.com) auf der linken Seite, 1 km nach der Brücke von San Remo, täglich zu unterschiedlichen Zeiten. Tagesausflüge werden ab Melbourne anbeboten.

Im *Holmwood Guesthouse B & B*, einem historischen Cottage in einem wuchernden Garten nahe am Strand, kann man im Haus oder in zwei kleineren Nebengebäuden wohnen. Der Besitzer, Eric van Grondelle, spricht Deutsch. *6 Zi. | 37 Chapel Street | Cowes | Tel. 03/59 52 30 82 | Fax 59 52 30 83 | www.holmwoodguesthouse.com.au | €€ – €€€*

PORT FAIRY [176 B3]

In der denkmalgeschützten Hafenstadt (4000 Ew.) am Ende der Great Ocean Road kann man sich herrlich von der Fahrt ausruhen. *Oscars Waterfront Boutique Hotel (41 b Gipps Street | Tel. 03/55 68 30 22 | Fax 55 68 30 42 | www.oscarswaterfront.com | €€€)* bietet fünf luxuriöse, liebevoll eingerichtete Doppelzimmer mit Aussicht auf den Fluss und die Gärten der wunderschönen alten Villa. Das *Victoria Hotel (€€)* serviert moderne australische Küche. Die Gastgeber Min und Michael Myers vermieten auch sieben gut ausgestattete Apartments in Sandsteincottages in der Nähe des Hotels. *42 Bank Street | Tel. 03/55 68 28 91 | www.vichotel.com | €€.* Auskunft: *Visitor Information Centre | 22 Bank Street | Tel. 03/55 68 26 82 | www.greatoceanroad.org*

WILSONS PROMONTORY NATIONAL PARK [177 D3]

Insider Tipp

Die Halbinsel Wilsons Promontory in den Gippslands 200 km südöstlich von Melbourne (Küstenstraße Rich-

Die Zeit des Goldrausches lebt weiter im Sovereign Hill Museum

tung New South Wales) ist ein Paradies für Wombats *(Norman Beach).* Känguruhs, Wallabies, Possums, Emus und Koalas sind vor allem in der Dämmerung aktiv. Nachts kommen winzige Glider zum Vorschein. Bunte Papageien und Tausende Wasservögel leben in den Eukalyptuswäldern und Sümpfen der Flussmündung. Vor den zahlreichen weißen Stränden spielen Delphine, Pinguine und Seehunde.

Im Nationalpark selbst kann man nur am *Tidal River* übernachten. Dort gibt es 480 Zeltplätze, fünf Apartments für bis zu vier Personen und 17 voll eingerichtete *cabins, Tel. 03/ 56 80 95 00 | €.* Nahrungsmittel müssen mitgebracht werden. Außerhalb des Parks gibt es Unterkünfte jeder Preisklasse in *Yanakie, Sandy Point, Waratah Bay, Walkerville* und der nächsten Stadt *Foster,* Buchungen unter *www.promaccom.com.au.*

> KORALLENRIFFE, REGENWÄLDER UND WEITES OUTBACK

Queensland ist das Ferienparadies der Australier

> Taucher schweben über schwankenden Weichkorallen. Riesige Venusmuscheln öffnen ihre grünsamtenen Lippen. Haie jagen Tausende von bunten Fischen in türkisfarbenen Lagunen zwischen spitzigen Korallenformationen.

Das 2000 km lange ⭐ Great Barrier Reef mit seiner faszinierenden Unterwasserwelt ist die Hauptattraktion von Queensland. Es besteht aus rund 3000 Einzelriffen und über 2000 tropischen Inseln. Das Riff zieht sich von der Gegend oberhalb von Bundaberg bis zur nördlichsten Spitze von Cape York. Doch Queensland bietet noch viel mehr: perfekte Surfwellen an der Gold Coast, alternatives Leben in den Bergen des Hinterlands, die lebhafte, subtropische Hauptstadt Brisbane, faszinierende Aboriginekultur und unberührte Nationalparks im abenteuerlichen Cape York, riesige *cattle stations* mit Tausenden von Rindern

Bild: Great Barrier Reef

QUEENS LAND

und Bergbaustädte in den Savannen und Wüsten des Outback. Queensland ist mit 1,7 Mio. km² der zweitgrößte Staat Australiens und fast dreimal so groß wie Deutschland – mit 4 Mio. Einwohnern.

AIRLIE BEACH

[167 D2] Bei Proserpine weit südlich von Townsville zweigt die Stichstraße an die Küste nach Airlie Beach (3000 Ew.) ab.

Schon zuvor haben großflächige Werbetafeln am Rand des Bruce Highway zum Besuch der Whitsunday Islands aufgefordert. Auf den ersten Blick fällt auf, dass Airlie Beach *(www.airliebeach.com.au)* ein Hort der Lebenslust ist. Groß ist nicht nur das Angebot an wassersportlichen Aktivitäten; insbesondere Tauch- und Schnorchelausflüge in die Whitsunday-Gewässer lohnen das Geld. In den späten Stunden tobt sich die ju-

Viele der kleinen Inseln vor der Ostküste können Sie mit dem Wasserflugzeug besuchen

gendliche Szene in Diskotheken und Kneipen an der einzigen Hauptstraße des Orts, der Airlie Beach Road, oft unter freiem Himmel aus.

ESSEN & TRINKEN
PANACHE
Ein Restaurant mit französischen und mediterranen Gerichten. Hier können Sie mit Aussicht auf die Lagune vor Airlie Beach speisen. *263 Shute Harbour Road | Tel. 07/49 46 63 37 | kein Ruhetag |* €€

FREIZEIT & SPORT
FLUG ÜBER DAS RIFF
Air Whitsunday landet nach einem Rundflug mit dem Wasserflugzeug am Riff zum Schnorcheln. *Tel. 07/49 46 91 11 | 2,5 Std. 295 A$ | www.airwhitsunday.com.au*

INSELTOUREN
Tagestouren zum Riff mit Aufenthalt zum Schnorcheln oder Ausflüge zu verschiedenen Inseln ab 80 A$ *(Three Island Discovery Cruise)* veranstaltet *Fantasea Cruises (11 Shute Harbour Road | Tel. 07/49 46 58 11 | www.fantasea.com.au).*

TAUCHEN
Mehrere Tauchschulen in Airlie Beach bieten mehrtägige Ausflüge sowie Kurse für Anfänger und erfahrene Taucher ab etwa 300 A$ an, z. B. *Whitsunday Scuba/Dive Australia (Tel. 07/49 46 10 67 | www.scubacentre.com.au oder www.seethewhitsundays.com).*

ÜBERNACHTEN
AIRLIE WATERFRONT B & B

Insider Tip

Drei klimatisierte, hübsch eingerichtete Zimmer oder Apartments mit Meeresblick – und morgens gibt es ein tropisches Frühstück auf der Veranda. *Broadwater Avenue/Mazlin Street | Tel. 07/49 46 76 31 | www.airliewaterfrontbnb.com.au |* €€€

BACKPACKERS BY THE BAY
Preiswerte Unterkunft mit Pool. *20 Zi. | 12 Hermitage Drive | Tel. 07/49 46 72 67 | www.backpackersbytheday.com |* €

> *www.marcopolo.de/australien*

CORAL SEA RESORT

Hotel mit Palmen, Swimmingpool mit Aussicht auf die Whitsundays. *77 Zi. | 25 Ocean View Avenue | Tel. 07/49 46 64 58 | Fax 49 46 65 16 | www.coralsearesort.com | €€*

◼ ZIELE IN DER UMGEBUNG ◼

Vor der Küste um Airlie Beach liegen 74 tropische Inseln und zahlreiche kleine Inselchen, die Whitsunday Islands [167 D2]. Nur acht von ihnen sind bewohnt. Einige sind reine Ferieninseln mit Hotelanlagen und Nachtleben, andere geschützte Nationalparks, die man auf Tagesausflügen besuchen kann. Ausflugsboote setzen Romantiker und Abenteurer für eine Nacht oder ein paar Tage auf einer der vielen unbewohnten Inseln ab. *Whitsunday Island,* die unbewohnte Hauptinsel, ist ein besonders schöner Nationalpark mit Mangrovenwäldern und dem schneeweißen, feinsandigen *Whitehaven Beach,* dem schönsten Strand von Queensland. *Lindeman, Long Island* und *South Molle Island* verfügen jeweils über Unterkünfte.

Auskunft: *Tourism Whitsundays | Bruce Highway | Proserpine | Tel. 07/49 45 37 11 | www.whitsundaytourism.com oder www.mywhitsunday.com*

DAYDREAM ISLAND   [167 D2]

Das Eiland scheint geradewegs aus dem Traumreisenkatalog ausgeschnitten worden zu sein: weiß gebleichte Korallensandstrände, dahinter im Wind schunkelnde Palmen und im Innern blühende Gärten unter regenwaldbedeckten Hängen. Verständlich, dass die winzige, nur etwa 1 km lange und 5 km vom Festland entfernte Insel vielen einen Tagesausflug wert ist. Am langen Sandstrand bietet der Beach Club Annehmlichkeiten wie Schwimmbecken, Gastronomie und alle möglichen Wassersportutensilien zum Ausleihen. Wer im *Daydream Island Resort (122 Zi. | Tel. 07/49 48 84 88 | Fax 49 48 84 99 | €€€)* übernachtet, kann sich abends vom luftigen Outdoorkino unterhalten lassen. *Fähre ab Shute Harbour oder Hamilton Island*

MARCO POLO HIGHLIGHTS

⭐ **Great Barrier Reef**
Millionen bunte Fische, Delphine, Korallen und tropische Inseln (Seite 68)

⭐ **Daintree National Park und Cape Tribulation**
Tropische Regenwälder, Traumstrände und wolkenumhüllte Berge (Seite 81)

⭐ **Skyrail**
Gondeln gleiten über Schluchten und die Kronen des Regenwalds (Seite 78)

⭐ **Tjapukai Cultural Centre**
Hier erfahren Sie alles über Kultur, Geschichte und Mythen der örtlichen Aborigines (Seite 78)

⭐ **Fraser Island**
Wale, Delphine und Dingos leben im unwirklich blauen Wasser und in den Urwäldern der riesigen Sandinsel (Seite 76)

AIRLIE BEACH

HAMILTON ISLAND [167 D2]

Die größte der Whitsundays ist auch die mit der besten touristischen Infrastruktur – was Vor- und Nachteile hat. Mit Düsenjets kann man einerseits die Insel von Melbourne und Sydney aus direkt anfliegen (etwas teurer als der Flug nach Proserpine, dafür ist man schneller am Urlaubsort), andererseits sorgen die diversen Hotels für spürbar größeren Andrang an den Swimmingpools und Stränden. Von Hamilton aus verkehren regelmäßig Fähren zu den anderen Inseln, einige davon kann man auch im Rahmen einer Tagestour besuchen *(www.hamiltonisland.com.au).*

HAYMAN ISLAND [167 D2]

Auf der nördlichsten Insel der Whitsunday-Gruppe bietet ein Resort der Superlative allen Luxus. *Hayman Resort | 244 Zi. | Tel. 07/49 46 91 00* *| Fax 49 46 94 10 | www.hayman.com.au | €€€*

MOUNT ISA [165 D2]

In der urigen Minenstadt (22 000 Ew.) 1000 km westlich von Airlie Beach erwartet Sie ein Highlight: Eine hervorragende Zusammenfassung aller Attraktionen und Charakteristika der Stadt, aber auch des Outback liefert der *Outback at Isa-Park* mit Visitor Centre. So ist die neue Untergrundtour in der *Hard Times Mine,* einem 1,2 km langen Schacht, fast genauso gut wie die einstige Underground Tour der Mount Isa Mines, die man oft wochenlang im Voraus buchen musste. Im angeschlossenen *Riversleigh Fossils Centre and Laboratory* können Sie miterleben, wie Fossilien aus dem Riversleigh-Unesco-Welterbegebiet nahe Mount Isa präpariert werden. Auch die Kalka-

Tropische Trauminsel: Hamilton Island ist ganz auf Touristen eingestellt

doon-Aborigines informieren über die Kultur der einstigen Ureinwohner des Gebiets um die Stadt *(19 Marian Street | Tel. 07/47 49 15 55 | www.outbackatisa.com.au | tgl. 8.30–17 Uhr)*. Reizvoll ist ein Ausflug in den *Lawn Hill National Park,* eine tropische Oase mit Bademöglichkeiten in der Lawn Hill Gorge. Ignorieren Sie dort nicht die *Riversleigh Fossil Fields,* eine der vier bedeutendsten Fossilienfundstätten der Welt mit einzigartigen Zeugnissen der urzeitlichen australischen Tierwelt *(www.riversleigh.qld.gov.au).*

BRISBANE

KARTE IN DER HINTEREN UMSCHLAGKLAPPE

[175 F1] Noch in den 1980er-Jahren nicht viel mehr als ein verschlafener, provinzieller Zwischenstopp für Reisende auf dem Weg in den tropischen Norden, ist die Stadt heute eine eigene Destination für Urlauber. Promenaden am Brisbane River, gute Einkaufsgelegenheiten, ein großes kulturelles Angebot, erstklassige Restaurants und ein Unterhaltungsbezirk in South Bank sind die Charakteristika dieser Stadt, die ihre Existenz als Sträflingskolonie begonnen hat. Die Entdeckung und Ausbeutung von Bodenschätzen in benachbarten Gebieten sowie die Ankunft von Einwanderern aus aller Welt verhalfen der Stadt in den 1950er- und 60er-Jahren zu größerer Bedeutung. Einen wesentlichen Einfluss auf die Entwicklung von Brisbane zu einer internationalen Metropole hatte auch die Weltausstellung 1988. Heute leben etwa 1,8 Mio. Menschen in der drittgrößten Stadt Australiens und Hauptstadt von Queensland.

■ SEHENSWERTES ■

LONE PINE KOALA SANCTUARY

Koalas, Känguruhs, Possums, Emus, Schnabeltiere und Wombats leben auf dem ausgedehnten Gelände, etwa 8 km südwestlich der City. Lone Pine ist der größte Koalapark der Welt. *Fig Tree Pocket | Jesmond Road | tgl. 8.30–17 Uhr | Eintritt 20 A$ | www.koala.net*

QUEENSLAND CULTURAL CENTRE, ART GALLERY AND MUSEUM

Der wuchtige Betonkomplex am südlichen Flussufer und zu beiden Seiten der Victoria Bridge hat es in sich: So überrascht die *Art Gallery (Mo–Fr 10–17, Sa/So 9–17 Uhr)* mit anspruchsvoller Kunst der Ureinwohner und Malerei oder Bildhauerei europäischer Künstler in wechselnden Ausstellungen und besitzt mit der Gallery of Modern Art (GoMA) die größte Galerie für moderne Kunst in Australien *(www.gallerymodern.qld.gov.au)*, während das *Museum (tgl. 9–17 Uhr)* anschaulich über Historie und Naturgeschichte von Queensland informiert.

SOUTH BANK PARKLANDS

Mitten in der Stadt, am Südufer des Brisbane River, wurde das 160 000 m^2 große ehemalige Ausstellungsgelände der Expo 88 zu einem tollen Erlebnispark umgestaltet *(Haupteingang: Glenelg Street).* Sehenswert ist das *Butterfly House (tgl. 9–17 Uhr | Eintritt 8,50 A$)* mit der größten Schmetterlingspopulation ganz Australiens. Als origineller Badesee wurde eine Lagune mit einem künstlich aufgeschütteten Sandstrand angelegt. Drumherum gibt es eine Vielzahl verschiedener Restaurants und Imbissbuden, die bis spät am Abend geöffnet sind *(www. visitsouthbank.com.au)*.

ESSEN & TRINKEN

Eine Auswahl ausgezeichneter Restaurants finden Sie am *Riverside Centre* und *Eagle Street Pier* sowie im *Fortitude Valley* und in *New Farm (Merthyr Road/Brunswick Street)*. *Given Terrace* und *Caxton Street (Paddington)* sowie *Park Road (Milton)* sind weitere Adressen, ebenso die *South Bank*.

ANISE

In der wohl besten Weinbar der Stadt bekommen Sie sehr gute

>LOW BUDGET

> Eine gute Alternative zu den kommerziellen Campgrounds sind die vielen ausgewiesenen Übernachtungsplätze in den Nationalparks für ca. 5 A$ pro Person *(www.epa.qld. gov.au)*. Die Ausstattung beschränkt sich zwar auf das Nötigste, aber Toiletten sind immer vorhanden, manchmal sogar Duschen.

> Ausnahme in der exklusiven Gastronomieszene an der mondänen Strandmeile von Palm Cove nördlich von Cairns ist der örtliche Surf Club (The Esplanade), wo Speisen und Getränke zu vernünftigen Preisen serviert werden. Für die Locals Grund genug, sich hier abends bei einem Drink zu treffen.

Gerichte der französischen Küche. *697 Brunswick Street | Tel. 07/ 33 58 15 58 | So abends und Mo mittags geschl. | €€*

BREAKFAST CREEK HOTEL

Beliebter Biergarten, der für seine mächtigen Steaks bekannt ist. *2 Kingsford Smith Drive | Tel. 02/ 32 62 59 88 | kein Ruhetag | €*

TUKKA

„Takka" wird das Restaurant ausgesprochen, ähnlich wie „Tucker", der umgangssprachliche Begriff für alles, was eine Mahlzeit ausmacht. Auf den Tisch kommt feinstes *bush food,* innovativ und vor allem typisch australisch. Nicht verpassen! *145 B Boundary Street, West End | Tel. 07/38 46 63 33 | Mo–Sa mittags geschl. | €€*

EINKAUFEN

Haupteinkaufsstraße ist die *Queen Street Mall* mit der hübschen *Brisbane Arcade*. Originell ist der *Riverside Market (So 8–16 Uhr, Eagle Street Pier)*.

ÜBERNACHTEN

HOTEL IBIS BRISBANE

Gutes Mittelklassehotel im Stadtzentrum. *218 Zi. | 27–35 Turbot Street | Tel. 07/32 37 23 33 | Fax 32 37 24 44 | www.ibishotel.com | €€*

KOOKABURRA INN BACKPACKERS

Einfache Unterkunft für Junge und jung Gebliebene. *18 Zi. | 41 Phillips Street | Tel. 07/38 32 13 03 | Fax 38 32 97 35 | www.kookaburra-inn. com.au | €*

QUEENSLAND

In den South Bank Parklands verbringen viele Städter ihre Freizeit

RYDGES SOUTH BANK

Zentral an der South Bank gelegen, Zimmer teilweise mit Blick auf den Fluss und die Innenstadt. *305 Zi. | 9 Glenelg Street | Tel. 07/33 64 08 00 | Fax 32 55 08 99 | www.rydges.com | €€ – €€€*

◼ AM ABEND

Insider Tipp

Zu den besten Bars der Stadt zählen die cool gestylte *Milkbar (2 Caxton Street | Mi–So ab 21 Uhr)* und das *Bar/Restaurant GPO Hotel (740 Ann Street)*. Wenn Sie wissen wollen, mit wem Sie in der beliebten *Fringe Bar (Ann Street/Constance Street | tgl. außer So ab 16 Uhr)* zusammensitzen, hilft ein Blick in *www.fringe bar.net*. Sehr international ist die Atmosphäre in der *Downunder-Bar (Edward Street, an der Central Station unterhalb des Backpackerhotels)*. Gute Livemusik (Hip Hop, Jazz, Rock) gibt es im *The Zoo (Mi–Sa | 711 Ann Street/Fortitude Valley | http://thezoo.com.au)*.

◼ AUSKUNFT

BRISBANE TOURISM
Queen Street Mall Pavillon | Tel. 07/ 30 06 62 90 | www.ourbrisbane.com, www.brisbane-australia.com

◼ ZIELE IN DER UMGEBUNG

CARNARVON NATIONAL PARK   [166 C5]

Insider Tipp

Die etwa 750 km lange Fahrt von Brisbane über Roma zur Carnarvon Gorge lohnt sich: In der 200 m tiefen Schlucht des Carnarvon-Flusses haben uralte Pflanzenarten überlebt. Steile Felsüberhänge verbergen Felsmalereien und Handabdrücke; sie stammen von den Garinbal-Aborigines, die dort schon vor Tausenden von Jahren nach Nahrung suchten. Auskunft in der *Ranger Station (Tel. 07/49 84 45 05 | www.epa.qld.gov. au)*. Camper müssen sich Wochen vorher anmelden. Einzige Alternative ist die *Carnarvon Gorge Wilderness Lodge,* 30 Safarikabinen mit Zeltdächern, Mahlzeiten und Touren inklusive *(Tel. 07/38 76 46 44 | Fax*

38 76 46 45 | *www.carnarvon-gorge. com* | €€ – €€€).

FRASER COAST   [167 F5]
Die Fraser Coast 300 km nördlich von Brisbane ist besonders aus zwei Gründen bekannt. *Hervey Bay* gilt unter Kennern als ein exzellenter Ort, um Wale zu beobachten. Auch erfolgt entweder mit dem Flugzeug oder mit der Fähre ab Hervey Bay bzw. Rainbow Beach *(www.green-barge.com, www.rainbow-beach. org)*. Die Regenwälder und etwa 40 Süßwasserseen sind über Sandpisten erreichbar. Einer der schönsten Seen mit einem schneeweißen Strand ist der *Lake McKenzie.* Das *Kingfisher*

Buckelwale sind regelmäßig vor der Fraser Coast zu sehen

⭐ *Fraser Island* ist weltweit einmalig: Mit einer Fläche von 1840 km^2 ist sie die größte Sandinsel der Erde. 1992 wurde sie als Unesco-Welterbe unter Schutz gestellt. Die Insel ist bis zu 240 m hoch und Heimat einer außerordentlich vielfältigen Pflanzen- und Tierwelt. *Fraser Island* kann mit einer geführten Tour oder mit dem eigenen Allradfahrzeug entdeckt werden. Der Zugang zur Insel *Bay Resort (262 Zi. | Tel. 07/ 41 20 33 33 | Fax 41 20 33 26 | www. kingfisherbay.com | €€€)* ist die beste Unterkunft.

Hervey Bay auf dem Festland vor allem ist bekannt bei Walbeobachtern *(www.whalewatching.com.au)*. Zwischen August und Oktober finden sich bis zu 3000 Buckelwale in den Gewässern vor der Stadt ein. Im *Urangan Boat Harbour* werden verschiedene Bootstouren angeboten. Auskunft: *Hervey Bay Tourism (Urraween Road/Maryborough Road | Tel. 07/41 24 29 12 | www.herveybay tourism.com.au, www.frasercoasthо lidays.info).*

GOLD COAST [175 F2]

Nur etwa 60 km südlich von Brisbane liegt die Gold Coast, eine 70 km lange Küste mit 35 zum Teil erstklassigen Surfstränden. Das Zentrum der Gold Coast, *Surfers Paradise*, ist ein Anblick, an den man sich gewöhnen muss: eine Skyline mit Hochhäusern, die an eine amerikanische Großstadt erinnert. In der Umgebung gibt es mehrere erstklassige Vergnügungsparks, die man vom 300 m hohen Q1-Gebäude in Surfers Paradise in der Ferne sehen kann *(So–Do 8–20.30, Fr/Sa 8–24 Uhr, ca. 20 A$, www.q1observationsdeck. com.au).* Weitere Informationen bekommen Sie unter *www.goldcoast eguide.com* und *www.goldcoasttou rism.com.au.*

LAMINGTON NATIONAL PARK [175 F2]

Im Hinterland der Gold Coast, 180 km südlich von Brisbane. Ein Wanderwegenetz von insgesamt 160 km erstreckt sich über das hügelige Gelände der McPherson Range. *O'Reilly's Rainforest Guesthouse (25 Zi. | Lamington National Park Road via Canungra | Tel. 07/55 44 06 44 | Fax 55 44 06 38 | www.oreillys.com. au | €€€)* bietet exzellent geführte Regenwaldwanderungen an. Eine Alternative dazu ist die *Binna Burra Mountain Lodge (30 cabins | Beechmont | Tel. 07/55 33 37 58 | Fax 55 33 36 58 | www.binnaburralodge. com.au | €€–€€€).*

SUNSHINE COAST [167 F6]

Auf einer Länge von über 150 km, zwischen Bribie Island und Fraser Island, reihen sich Traumstrände und hübsche Badeorte aneinander. Lohnend ist die Fahrt ab *Caloundra* bis *Noosa Heads* im Norden. Dieser schmucke Badeort *(www.noosa guide.com)* ist mit der Schwesterstadt *Noosaville* das touristische Zentrum der Sunshine Coast *(www.sunshine coast.org).* Tagsüber locken herrlich breite und geschützte Strände wie *Main Beach, Marcus Beach* oder *Peregian Beach.* Abends macht man es sich in vielen Straßencafés und Restaurants auf der Hastings Street gemütlich, nachts flaniert man auf der ▸▸ Strandpromenade unterm Sternenhimmel. Für kurze Wanderungen bietet sich der 4,3 km² große, stadtnahe *Noosa National Park* an. Nur mit mit dem Geländewagen *(www.4wdhire.net)* erschließt sich die kunterbunte Sandsteinklippenlandschaft des *Cooloola National Park* im Norden.

CAIRNS

[159 F5] **Die Boomtown im Norden (140 000 Ew.) ist ein idealer Ausgangspunkt für Bootsausflüge zum Great Barrier Reef, für Wanderungen im tropischen Regenwald und für abenteuerliche Ausflüge bis hoch zur Nordspitze am Cape York.** Bevor der Bruce Highway in Cairns sein nördliches Ende nimmt, führt er vorbei an unzähligen Motels, Hotels und Apartmentbauten, die allesamt vom boomenden Tourismusgeschäft zeugen. Die quadratisch angelegten Straßen im Zentrum der Stadt rund um den City Place sind ein einziges Einkaufsparadies, angefüllt mit teils aus Massenfabrikation stammenden Souvenirs, Wassersportutensilien und sommerlicher Textilmode. Sobald es dunkel wird, schalten die zahlreichen Restaurants und Kneipen an der Esplanade ihre neonfarbigen Lichtreklamen ein.

■ SEHENSWERTES ■

FLECKER BOTANIC GARDENS
Mehr als 100 Palmenarten, Orchideen und Schlingpflanzen geben einen ersten Eindruck von der Vielfalt der Tropen. Der *Aboriginal Plant Use Garden* zeigt Pflanzen, die die Aborigines schon vor Jahrtausenden als Nahrungsmittel oder Heilpflanzen nutzten. *Collins Avenue | Mo–Fr 7.30–17.30, Sa/So 8.30–17.30 Uhr*

SKYRAIL
Die 7,5 km lange Seilbahn führt in das bergige Hinterland von Cairns mit einer faszinierenden Vegetation. Die Gondeln gleiten über die Täler,

sehen kann man auch die Wasserfälle des *Barron River.* An zwei Haltestellen werden Flora und Fauna des Regenwalds erklärt. Der Zielort *Kuranda,* einst ein alternatives Hippiedorf, ist ein reichhaltiger Souvenirmarkt. Zurück fahren Sie am besten mit dem *Kuranda Scenic Train,* der sich auf abenteuerlicher Strecke hinab in die Ebene windet. Tipp: Buchen Sie die *Ultimate Kuranda Experience,* einen Ausflugstag, der morgens am Tjapukai Cultural Centre beginnt, anschließend mit der Skyrail *(www.skyrail.com.au)* nach Kuranda führt, dann mit dem letzten Zug *(www.railaustralia.com.au)* am Nachmittag zurück nach Cairns (ca. 120 A$, Buchung z. B. bei *Tourism Tropical North Queensland (siehe Auskunft S. 80).*

TJAPUKAI CULTURAL CENTRE ★
Der *Aboriginal Cultural Park* wird von örtlichen Aboriginegruppen betrieben und befindet sich gleich neben der Talstation der Seilbahn *Skyrail.* Eine Tour durch den Park umfasst eine Einführung in die Mythen

Abends tobt das Leben im Zentrum von Cairns

und einen guten Film über die Geschichte der Aborigines seit der Ankunft der weißen Siedler, den Besuch eines Museums, eine Tanzdarbietung, eine Vorführung des Didgeridoos, Speer- und Bumerangwerfen. *Buchungen Tel. 07/40 42 99 00 | www.tjapukai.com.au*

ESSEN & TRINKEN

RED OCHRE GRILL

Rezepte und Zutaten der Aborigines machen den Reiz der Speisen in diesem ungewöhnlichen Restaurant aus. *43 Shields Street | Tel. 07/40 51 01 00 | kein Ruhetag | €€*

EINKAUFEN

Am Wochenende verkaufen Künstler und Kunsthandwerker ihre Waren am frisch renovierten Pier.

FREIZEIT & SPORT

FLUGABENTEUER

Eine tolle Sache: mit einem ehemaligen Piloten der Küstenpatrouille 300 km übers Barrier Reef fliegen und aus speziellen gewölbten Fenstern einen sagenhaften Blick genießen *(bei Reefwatch Air Tours | Tel. 07/40 35 98 08 | www.reefwatch.com | etwa 180 A$)*. Luftig geht's auch beim *Mailrun* der Aero Tropics zu – Sie begleiten den australischen Postboten für einen Tag auf die Cape York Peninsula und können dabei Riff, Regenwald, Strände und das weite Buschland von oben betrachten *(www.aero-tropics.com.au)*.

RIFFAUSFLÜGE

Von Cairns aus werden Tagestouren zum Outer Reef *(z. B. Sunlover Cruises | Tel. 07/40 31 10 55 | www.sun*

Mit der Seilbahn Skyrail können Sie den Regenwald von oben betrachten

lover.com.au) oder ein Besuch auf der kleinen Koralleninsel Green Island angeboten *(Great Adventures | Tel. 07/40 51 56 44 | www.greatadventures.com.au)*. Komfortable 3- bis 7-tägige Minikreuzfahren hat *Captain Cook Cruises* im Programm *(1200–2800 A$ | Tel. 07/40 31 44 33 | www.captaincook.com.au)*.

TAUCHEN

Diversionoz in *Palm Cove (20 Min. nördlich | Tel. 07/40 39 02 00 | www.diversionoz.com)* veranstaltet Tagestouren in schnellen Booten zum Riff – mit Tauchunterricht in deutscher Sprache. Schnorchler zahlen 130 A$, Taucher 190 A$ für zwei Tauchgänge.

CAIRNS

■ ÜBERNACHTEN ■

BAY VILLAGE
TROPICAL RETREAT

Das kleine Hotel liegt mitten in Cairns in Gärten mit tropischen Pflanzen und einem Swimmingpool. Die klimatisierten, geschmackvollen Zimmer sind mit Bambusmöbeln eingerichtet. *62 Zi. | Lake Street/ Gatton Street | Tel. 07/40 51 46 22 | Fax 40 51 40 57 | www.bayvillage. com.au | €€*

schönen Ausblick aufs Meer genießen. *237 Zi. | Tel. 07/40 50 60 70 | Fax 40 31 37 70 | www.ichotels group.com | €€ – €€€*

■ AUSKUNFT ■

TOURISM TROPICAL
NORTH QUEENSLAND

51 The Esplanade | Tel. 07/ 40 51 35 88 | www.destinationqueens land.com | www.tropicalaustralia. com.au

Zeit, innezuhalten und das üppige Grün des tropischen Walds zu genießen

HOLIDAY INN

Dieses sympathische Hotel der Mittelklasse liegt am Rand der Esplanade und damit zentral; von vielen der Zimmer können Sie einen

■ ZIELE IN DER UMGEBUNG ■

ATHERTON TABLELAND   [159 E–F5]

50 km westlich von Cairns ragen dicht bewachsene Berge vulkanischen Ursprungs bis zu 900 m hoch

> *www.marcopolo.de/australien*

auf. In uralten Kratern, um tiefe Seen und spektakuläre Wasserfälle sind faszinierende Ökonischen entstanden, mit einer Vielzahl tropischer Vögel und seltenen Tierarten. Eine der schönsten Stellen ist der geheimnisvolle *Mount Hypipamee,* dessen geologische Entstehung bis heute nicht geklärt ist. Überall im Tableland gibt es herrliche Wasserfälle mit kristallklaren Wasserlöchern. Vier der schönsten sind über die 15 km lange Strecke *Waterfall Circuit* ab *Millaa Millaa* zu erreichen. Unbedingt Badesachen mitnehmen!

Das zum großen Teil denkmalgeschützte historische Städtchen *Yungaburra* (1000 Ew.) ist ein guter Ort zum Übernachten, zum Beispiel in der *Kookaburra Lodge (Eacham Road/Oak Street | 12 Zi. | Tel. 07/40 95 32 22 | www.kookaburra-lodge.com | €€)* einem kleinen Gartenhotel mit Pool. In Yungaburra gibt es auch einige gute Restaurants *(Nick's Swiss-Italian Restaurant | deutschsprachig | 33 Gillies Highway | Tel. 07/40 95 33 30 | €€)* und Antiquitätenläden. Jeden vierten Sonntag im Monat findet im Ort ein uriger Markt statt *(www.atherton tableland.com).*

CAPE YORK   [159 D1]

Cape York ist ein Ziel für echte Abenteurer. Der an drei Seiten von Meer umschlossene, nördlichste Zipfel Australiens ist beinahe halb so groß wie Deutschland, doch es leben nur ungefähr 10 000 Menschen in dieser Wildnis. Die meisten sind Aborigines, die in eigenen Gebieten oder Siedlungen wohnen. Weite Teile von Cape York sind noch unerschlossen: Savannen mit meterhohen Termitenhügeln, lichte Eukalyptuswälder, wuchernder Regenwald. Eine einzige Straße führt von Cairns bis zur Spitze des Kontinents, *The Tip* oder *Pajinka* genannt. Die 974 km lange Strecke ist zum größten Teil Staubpiste und nur zur Trockenzeit von Mai bis Oktober befahrbar. Benzin und einfache Unterkünfte gibt es in Roadhouses oder Stations entlang der Straße. Man sollte sich für eine Strecke fünf bis sechs Tage Zeit nehmen. Etliche Veranstalter bieten ab Cairns geführte Touren an *(z. B. www.wilderness-challenge.com.au, 7 Tage mit Rückflug nach Cairns, ca. 2900 A$ pro Pers.).*

DAINTREE NATIONAL PARK
UND CAPE TRIBULATION ⭐   [159 F4]

Die Proteste engagierter Umweltschützer haben die wichtigsten und schönsten tropischen Regenwälder Australiens vor dem Abholzen gerettet. Heute steht der atemberaubende Daintree National Park, 110 km nördlich von Cairns, als Teil des Unesco-Welterbes unter internationalem Schutz. Uralte Baumriesen, Lianen, Farne, Palmen und Moose gehen am Meer in Mangrovenwälder über. Pythonschlangen, Flughunde und einer der größten Vögel der Welt, der Laufvogel *Cassowary* (Kasuar)*,* leben in dieser begeisternden Wildnis. In den beiden größten Flüssen des Nationalparks können Sie auch Salzwasserkrokodile beobachten. Bootstouren auf dem *Daintree River,* Wanderungen in der *Mossmann Gorge* und am traumhaften *Cape Tribulation* vermitteln einen guten Eindruck von der zerbrechlichen Schönheit des tropischen Nationalparks. Daintree hat für die örtlichen Kuku-Yalanji-Aborigines eine hohe spirituelle Bedeutung. Entlang des 2007 ins Leben gerufenen *Bama Way* zwischen Daintree River und Cooktown gewähren ortsansässige Aboriginalstämme Einblicke in ihren Alltag. Entweder buchen Sie eine zweitägige Tour *(ca. 600 A$ | Tel. 07/40 53 70 01 | www.adventurenorthaustralia.com)* oder stellen sich das Programm selbst zusammen *(www.bamaway.com.au)*.

Insider Tipp

MISSION BEACH [159 F5]

Weil Strandurlaub nördlich von Cairns sehr teuer geworden ist, sind Badorte wie Mission Beach *(www.missionbeachtourism.com)*, 140 km südlich, besonders bei jungen Leuten sehr beliebt. Mission Beach ist ein guter Ausgangspunkt für Wanderungen *(www.epa.qld.gov.au/parks)* und Tauchtouren *(www.divingqld.com.au)*. Auch können Tagesausflüge nach *Dunk Island*, einer Regenwaldinsel, unternommen werden *(www.dunk-island.com)*.

PORT DOUGLAS [159 F5]

Mit dem Captain Cook Highway führt eine prächtige Panoramastraße dicht an der Küste entlang zum 70 km nördlich von Cairns gelegenen Port Douglas (5000 Ew.). Das bis Ende der 1980er-Jahre noch bescheidene Dörfchen hat sich zum mondänen Resortferienort gemausert – mit entsprechenden Preisen in den meist ausgezeichneten Hotels und Restaurants *(www.portdouglaswebs.com.au)*. Der *Four Mile Beach* ist ein makelloser Strandabschnitt, der am Ende der Hauptgeschäftsstraße, der

Macrossan Street, beginnt. Im kleinen Hafen mit dem hübschen Einkaufszentrum starten jeden Morgen mindestens ein Dutzend Segler und Katamarane zum Great Barrier Reef. *Quicksilver*-Schiffe legen nach ca. 90-minütiger Fahrt an einem vor Wellen geschützten Ponton am Outer Reef an. Von hier aus werden Tauch- und Schnorcheltouren unternommen *(Tel. 07/40 87 21 00 | www.quicksilver-cruises.com)*.

PALM COVE [159 F5]

Von den diversen Strandabschnitten nördlich von Cairns gehört Palm Cove (ca. 20 Fahrminuten) zum mondänsten. Entlang der ca. 1,5 km langen Promenade am makellosen Palmenstrand reihen sich Vier- und Fünfsterne-Resorts und ein paar nette Cafés und Restaurants. Das *Sebel Reef House* (69 Zi. | 99 Williams Esplanade | Tel. 07/40 55 36 33 | www.reefhouse.com.au | €€€) liegt direkt am Strand und hat wunderschöne Tropenzimmer.

Insider Tipp

TOWNSVILLE

[166 C1] Die geschäftige Hafenstadt (105 000 Ew.) 280 km südlich von Cairns ist das wirtschaftliche Zentrum des Tropical North mit prunkvollen Kolonialgebäuden. An der attraktiv angelegten Promenade The Strand mit vielen Restaurants, Schwimmbecken und Strandabschnitten (mit Stingernetzen) lässt es sich herrlich entspannen.

■ SEHENSWERTES ■

REEF HQ

Hochinteressante Darstellung der Unterwasserwelt des Great Barrier

Bunte Unterwasserwelt am Great Barrier Reef

Reef in einem riesigen Aquarium. *Tgl. 9.30–17 Uhr | 2 Flinders Street East | www.reefhq.com.au und www.gbrmpa.gov.au | Eintritt 20 A$;* im Gebäude nebenan befinden sich das *Imax Theatre* mit einer riesigen Leinwand und das *Museum of Tropical Queensland* mit einer Saurierausstellung.

ESSEN & TRINKEN

BLUE BOTTLE CAFÉ
Smartes Restaurant in Strandnähe mit pfiffiger Speisekarte und perfekt zubereiteten Kaffeespezialitäten. Die angeschlossene Gallerie bietet eine attraktive Auswahl an Schmuck- und Glaswaren. *The Strand/Gregory Street | Tel. 07/47 71 21 21 | Mo abends und So geschl. | €€€*

ÜBERNACHTEN

STRAND PARK HOTEL
Einige der 45 Suiten in der großzügigen Apartmentanlage lassen auf Magnetic Island blicken. Der Strand ist gleich vor der Tür, die Innenstadt nur einen kleinen Spaziergang entfernt. Wer abends nicht selber kochen will, ist gut beraten, zum Dinner im hauseigenen Restaurant Naked Fish Platz zu nehmen – vielleicht unter dem riesigen Feigenbaum draußen. Leckere Fischgerichte! *59–60 The Strand | Tel. 07/47 50 78 88 | www.strandparkhotel.com.au | €€*

AUSKUNFT

VISITOR INFORMATION
Flinders Mall | Tel. 07/47 21 36 60 | www.townsvilleonline.com.au

ZIEL IN DER UMGEBUNG

MAGNETIC ISLAND [166 C1]
Die Ferieninsel mit eher durchschnittlichen Stränden, 8 km von Townsville entfernt, wird auch von vielen Tagesausflüglern besucht. *Fährverbindungen (ca. 26 A$ hin und zurück) bestehen mehrmals tgl. ab Breakwater Terminal (Sunferries | Tel. 07/47 71 38 55 | www.sunferries.com.au).*

> WILDNIS OHNE GRENZEN

Einsame Wüstenstrecken, lauschige Wasserfälle
und eine wilde Küste, an der sich Krokodile sonnen

> **Vom tropischen Norden bis zu den roten
Wüsten des Inlands bietet dieser abgelegene und wenig besiedelte Teil Australiens eine breite Palette von Landschaften
und touristischen Attraktionen.**
1863 wurde das Northern Territory
Teil von Südaustralien, mit Palmers-
ton – 1911 umbenannt in Darwin –
als Hauptstadt. Ein Goldrausch
führte 1874 zu einem Ansturm von
Neuzuzüglern. Die Hauptstadt Darwin wurde zweimal praktisch ver-

nichtet: 1940 durch Bomben der ja-
panischen Luftwaffe und 1974 vom
Wirbelsturm Tracy. Trotzdem hat
sich das Northern Territory gut be-
hauptet und sich zu einem der wichtigsten Ziele für Millionen von Aus-
tralienbesuchern entwickelt. Heute
produziert die Industrie im 1,35
Mio. km^2 großen Territory neben
verschiedenen Rohstoffen auch
Rindfleisch, Perlen, Krokodilfleisch
und Fisch für den Export nach Asien.

Bild: Kings Canyon

NORTHERN TERRITORY

ALICE SPRINGS

[164 A4] Das ist Australien pur: rote Erde, atemberaubende Natur, herzliche Menschen. Das rote Zentrum mit der Stadt Alice Springs (26 000 Ew.) als Fokus ist eine der wichtigsten Destinationen für Besucher Australiens. Der Ayers Rock oder Uluru, wie ihn die Anangu-Aborigines nennen, ist in den letzten Jahrzehnten zum eigentlichen Symbol für den roten Kontinent geworden. Doch es ist nicht nur dieser imposante Monolith, den man hier ganz einfach sehen muss: mindestens so beeindruckend sind die MacDonnell Ranges und der Kings Canyon.

▰▰▰ SEHENSWERTES ▰▰▰

ALICE SPRINGS DESERT PARK

Insider Tipp

Der Park ist eine Mischung zwischen Museum und Zoo und gibt einen sehr guten Einblick in die Natur der zentralen Wüste. *Larapinta Drive | tgl. 7.30–18 Uhr | Eintritt 20 A$*

ANZAC HILL

Von hier aus haben Sie einen guten Überblick über Alice Springs. Besonders bei Sonnenauf- und -untergang strahlt das MacDonnell-Gebirge im Hintergrund in phantastischem Rot.

den sie, wie man beim Besuch erfährt, vor allem bei Autounfällen im Outback gerufen. Die Vorführungen des etwa 15-minütigen, sehr interessanten Videos über die Arbeit des RFDS beginnen alle halbe Stunde, danach kann man einige Minuten dem Funkverkehr lauschen und Memorabilia besichtigen. *8–10 Stuart Terrace | Mo–Sa 9–17, So 13–17 Uhr | Eintritt 7 A$*

So wirds gemacht: Bumerang werfen will gelernt sein

OLD TELEGRAPH STATION RESERVE

Die liebevoll renovierte alte Telegrafenstation, 1872 aus gehauenen Felsblöcken erbaut, versetzt zurück in die Pioniertage Australiens. *North Stuart Highway | tgl. Winter 8–19, Sommer 8–21 Uhr | Eintritt 2,60 A$*

ROYAL FLYING DOCTOR SERVICE

1939 eröffneten die fliegenden Ärzte ihr Büro in Alice Springs. Heute wer-

SCHOOL OF THE AIR

$1,3$ Mio. km^2 – das größte Klassenzimmer der Erde bietet viel Platz. Im Outback bekommen die Kinder den Schulunterricht über viele hundert Kilometer hinweg via Internet. Durch eine Glasscheibe kann man dem Lehrer zusehen, über Mikrofon zuhören. *80 Head Street | Mo–Fr 8.30–16.30, So 13.30–16.30 Uhr | Eintritt 6,50 A$*

NORTHERN TERRITORY

■ ESSEN & TRINKEN ■

lieder **pp**

BLUEGRASS

Willkommen im ersten Gourmetrestaurant im Outback: Insbesondere die Desserts haben es hier in sich. Himmlisch zum Beispiel die hausgemachte Pavlova, eine australische Baiserspeise. *Todd Street/Stott Terrace | Tel. 08/89 55 51 88 | www.blue grassrestaurant.com.au | kein Ruhetag | €€*

■ EINKAUFEN ■

lieder **pp**

Aboriginalkunst aus der 240 km nordwestlich gelegenen Wüstengemeinde Papunya im typischen Punktestil ist nicht nur ein sehr schönes Andenken, sondern kann, je nach Künstler, auch eine Kapitalanlage sein. Direktverkauf der Papunya-Gemeinde bei *Papunya Tula Artists | 63 Todd Mall | www.papunyatula.com. au.* Bei teureren Werken ein Echtheitszertifikat verlangen!

■ ÜBERNACHTEN ■

ALICE SPRINGS RESORT

Ein beliebtes Viereinhalbsternehotel außerhalb des Stadtzentrums. *144 Zi. | 34 Stott Terrace | Tel. 08/ 89 5145 45 | Fax 89 53 09 55 | www.alicespringsresort.com.au | €€*

ALICE TOURIST APARTMENTS

Günstiges Apartmenthotel. *24 Zi. | Gap Road/Gnoilya Street | Tel. 08/ 89 52 27 88 | Fax 89 53 29 50 | www. alicespringshotels.com | €–€€*

■ AM ABEND ■

Lust auf einen rustikalen **Outback-Kneipenbummel?** *Bojangles Saloon & Restaurant, 80 Todd Street,* (Liveübertragung von Konzerten und Pubatmosphäre auch im Internet unter *www.boslivesaloon.com.au*) bietet sich für einen Drink ebenso an wie die *Todd Tavern (1 Todd Mall).*

Insider Tipp

■ AUSKUNFT ■

CENTRAL AUSTRALIAN TOURISM INDUSTRY ASSOCIATION

Gregory Terrace/Todd Mall | Tel. 08/89 52 58 00 | www.travelnt.com, www.centralaustraliantorism.com

■ ZIELE IN DER UMGEBUNG ■

HERMANNSBURG [163 F4]

Das mehrheitlich von Aborigines bewohnte Dorf (450 Ew.) 126 km westlich von Alice Springs beheimatet eine ehemalige deutsch-lutherische Missionsstation. Eine gute und gelegentlich bedrückende Ausstellung erinnert an die nicht unbedingt

MARCO POLO HIGHLIGHTS

★ **Kakadu National Park**
Beeindruckende Wildnis
im tropischen Norden des Territory
(Seite 93)

★ **Uluru und Kata Tjuta**
Ein roter Monolith
und 36 mysteriöse „Köpfe"
(Seite 88)

★ **Katherine Gorge**
Eine der schönsten Schluchten
des Landes überhaupt
(Seite 95)

★ **Kings Canyon
(Watarrka)**
Wandern in einem Millionen Jahre
alten Gebirge (Seite 88)

gelungenen Versuche, mittels deutscher Zucht und Ordnung die Ureinwohner zum christlichen Glauben zu bekehren. Bekannte Bewohner waren der Aboriginal-Maler Albert Namatjira (1902–59), der Gründer einer neuen, eher westlichen Art der Malerei des Outback, sowie Professor Ted Strehlow, der bedeutendste Erforscher der Kultur der zentralaustralischen Arrente-Aborigines.

Missionsstation März–Nov. tgl., Dez.–Feb. Mi–Mo 9–17 Uhr | Eintritt 6 A$

KINGS CANYON (WATARRKA) ⭐ [163 E4]

Noch vor wenigen Jahren ein Geheimtipp für Rucksacktouristen, hat sich der Kings Canyon 420 km südwestlich von Alice Springs zu einer der größten Attraktionen im Northern Territory entwickelt. Teerstraßen führen von Alice Springs oder Uluru über den Lasseter Highway und die Luritja Road fast bis zum Aufstieg in diese Millionen Jahre alte Sandsteinschlucht mit bis zu 270 m hohen Klippen. Eine Alternative ist die Fahrt über den Mereenie Loop ab Glen Helen oder Hermannsburg, für den allerdings ein Allradauto benötigt wird. Zwei Spaziergänge mit unterschiedlichem Schwierigkeitsgrad werden in Kings Canyon angeboten. Unterkunft im 7 km vor der Schlucht liegenden *Kings Canyon Resort (Tel. 08/89 56 74 42 | www. kingscanyonresort.com.au | €€–€€€)* oder der *Kings Creek Station (Tel. 08/89 56 74 74 | wwwkingscreeksta tion.com.au | €),* einer Farm, von der es 35 km bis zur Schlucht sind. Auch eine Wanderung im Kings Canyon

sollte nur in den kühleren Tageszeiten unternommen werden. Wasser nicht vergessen!

ULURU & KATA TJUTA ⭐ [163 E5]

Der Uluru, oder *Ayers Rock,* wie er früher genannt wurde, liegt etwa 450 km südwestlich von Alice Springs und ist auf Teerstraßen in einem gewöhnlichen Fahrzeug zu erreichen. Wie kein anderes Wunder der Natur hat sich der 348 m hohe Monolith, der sich einem Eisberg gleich mehrere Kilometer tief in den Boden erstreckt, zu einem Symbol für Australien entwickelt. Der Uluru lockt jedes Jahr Hunderttausende Besucher ins rote Zentrum. Für die Anangu-Aborigines aber ist die Stätte von größter spiritueller Bedeutung und ein wichtiger Zeuge ihrer Schöpfungsgeschichte. Der Felsen wurde 1873 vom Entdecker William Gosse benannt. Seit 1985 sind der Uluru und die benachbarten Kata Tjuta Teil eines 1325 km^2 großen Nationalparks. 1985 wurde das Gebiet den Anangu zurück gegeben.

Der Eingang zum Park befindet sich rund 15 km vor dem Uluru. An der Strecke gibt es einen Parkplatz, von dem aus man am Abend den Sonnenuntergang beobachten kann. Es lohnt sich, rechtzeitig vor Ort zu sein. Auch direkt am Uluru gibt es mehrere Parkplätze, von denen aus Sie die Basis des Bergs erkunden können. Die Ureinwohner bitten aber alle Besucher, den für sie heiligen Berg nicht zu besteigen. Wer es trotzdem tut, demonstriert eine tüchtige Portion Kulturignoranz. Außerdem ist die Kletterpartie gefährlich: Der Uluru hat schon Dutzende von Herz-

Das Kata-Tjuta-Gebirge besteht aus 36 Hügeln

infarkt- und Absturzopfern gefordert. Eine viel bessere Alternative zum Aufstieg ist der 9,4 km lange Rundgang um den Monolithen. Die von Aborigines geführte Firma *Anangu Tours (www.anangu waai.com.au)* bietet sehr gute Touren an. Auf dem *Liru Walk* etwa erklären die traditionellen Besitzer des Uluru die mit dem Felsen verbundene Mythologie und zeigen, wie sie über Jahrtausende in diesem für Europäer scheinbar unwirtlichen Land überlebt haben. Die Spaziergänge können im *Uluru-Kata Tjuta Cultural Centre* im Park gebucht werden. Dieses Zentrum beherbergt eine interessante Ausstellung zur Kultur der Anangu und der natürlichen Umwelt im Park und ist der ideale Ausgangsort für einen Besuch des Uluru.

Das 50 km vom Uluru gelegene Kata-Tjuta-Gebirge ist eine 35 km^2 große Ansammlung von 36 gerundeten Hügeln. Der höchste dieser „Köpfe" (Kata Tjuta = Viele Köpfe) ist 200 m höher als der Uluru. Für viele Besucher sind die Olgas, wie man die Felsformation früher nannte, attraktiver als der wesentlich bekanntere Uluru. Im Gebirge kann man schöne Spaziergänge machen, bei denen man die reichen, orangeroten Farben der zentralaustralischen Wüste richtig genießen kann. Die etwa drei Stunden dauernde Wanderung durch das *Valley of the Winds* ist besonders empfehlenswert. Allerdings können die Temperaturen den Spaziergang zur Qual werden lassen. Bei kühlerem Wetter blasen eisige Winde durch die Schluchten, im Sommer verwandeln hohe Temperaturen die Olgas in einen gigantischen Backofen. Wanderungen sollten deshalb im Sommer immer für die kühlere Zeit des Tages geplant werden. Übernachtungs- und Verpflegungsmöglichkeiten jeder Preiskategorie gibt es in der Siedlung *Yulara,* etwa

15 km vor dem Uluru. Die Unterkünfte können Sie im *Visitors Centre des Ayers Rock Resort (Tel. 08/89 57 73 77 | www.ayersrockresort.com. au)* buchen. Die Preise sind allerdings unverschämt hoch. Eine Alternative ist die *Curtin Springs Station (Tel. 08/89 56 77 84 | www.curtin springs.com | €€)* etwa 80 km vom Nationalpark entfernt am Lasseter Highway.

DARWIN

[156 B2] **Die Hauptstadt ist entweder Ankunfts- oder Abflugsort für die meisten Gäste des Northern Territory und Ausgangspunkt für Besuche des weltbekannten Kakadu National Park.** Darwin (100 000 Ew.) präsentiert sich heute als Mischung zwischen moderner Weltmetropole und Provinzstadt. Umgeben von der Arafurasee liegt die Hauptstadt landschaftlich ausgesprochen schön. Allerdings ist das Wetter nicht jedermanns Sache: Es ist entweder heiß und knochentrocken (von Mai bis Oktober) oder heiß und stickig feucht. Dank der Nähe zu Asien und dem Zustrom von Einwanderern, dem hohen Anteil an Aborigines und Europäern ist Darwin die ethnisch vielfältigste Stadt Australiens.

Insi Tip

▌ SEHENSWERTES ▌

AQUASCENE FISH FEEDING
Jeden Tag bei Flut kommen Fische bei Doctor's Gully nahe zum Ufer, um gefüttert zu werden. Nicht jedermanns Sache, aber viel Spaß für die Kinder.

BOTANIC GARDEN
1870 legte der deutsche Gärtner Maurice Holtz Darwins prächtigen

Gut besucht: die Restaurants am Wharf Precinct in Darwin

botanischen Park an. Obwohl Hurrikan Tracy 1974 80 Prozent der Pflanzen und Bäume niederfegte, erholte sich das Grün sehr bald wieder. Mit über 400 Palmenarten, die zum Teil in einem Miniaturregenwald gedeihen, einer kleinen Orchideenzucht, einem künstlichen Wasserfall und Sumpfgelände zählt das 420 000 m^2 große Gelände zu den artenreichsten Parks der Südhalbkugel. *Gilruth Avenue/Gardens Road | tgl. 7–20 Uhr | Eintritt frei*

CROCODYLUS PARK

Der professionell geführte Park bringt die Riesenechsen gefahrlos näher. *815 McMillans Road (Knuckey Lagoon), ca. 15 Min. Fahrt von Darwin City Richtung Airport, tgl. 9–17 Uhr, einstündige Touren und Fütterung 10, 12 und 14 Uhr, Eintritt 25 A$, www.wmi.com.au*

MUSEUM & ART GALLERY OF THE NORTHERN TERRITORY

Das Museum gibt einen sehr guten Einblick in Kultur und Natur des Northern Territory. Es führt eine interessante Sammlung von Aboriginekunst. Auch die Ausstellung zum Wirbelsturm Tracy ist einen Besuch wert. *Conacher Street | Fannie Bay | Mo–Sa 9–17, So 10–17 Uhr | Eintritt frei*

ESSEN & TRINKEN

Bis zum Jahr 2015 wird der Wharf Precinct umgestaltet und erhält u. a. ein großes Convention Centre. Bis es soweit ist, machen schon einmal viele Restaurants an der *Stokes Hill Wharf Appetit (kostenloser Pendelbus Do–So zwischen 16.30 und 22*

Uhr alle 30 Min. ab Town Hall). Groß ist die Auswahl auch entlang der *Mitchell Street* und an der *Cullen Bay Marina.*

PEE WEE'S

Unter Palmen, mit tollem Ausblick auf die Fanny Bay, können Sie sich hier an kreativer australischer Küche und feinen Weinen laben. *Alec Fong Lim Drive | East Point Reserve | Tel. 08/89 81 68 68 | kein Ruhetag | €€€*

YOTS GREEK TAVERNA

Boardwalk Café mit Blick auf die Yachten; griechische Küche. *54 Marina Boulevard | Tel. 08/89 81 44 33 | kein Ruhetag | €–€€*

EINKAUFEN

Darwin ist berühmt für seine vielen Märkte, z. B. den *Parap Market* am Samstagvormittag und den *Mindil Beach Sunset Market (Gilruth Avenue/Fannie Bay | April–Okt. Do 17–22 Uhr)* sowie den Rapid Creek Market *(Rapid Creek Business Village | 48 Trower Road, ca. 20 Min. von Darwin City entfernt | Fr 15–21 Uhr, So 6.30–13 Uhr).* Infos zu allen Märkten (auch in anderen Städten) unter *www.marketsonline.com.au.* Die wertvollen Zuchtperlen des Northern Territory können Sie bestaunen in der Australian Pearling Exhibition Insider Tipp *(Kitchener Drive | Stokes Hill Wharf | tgl. 10–17 Uhr | Eintritt ca. 6,60 A$)* und kaufen z. B. bei *Paspaley Pearls (Bennett Street/Smith Street Mall).* Eine große Auswahl des wohl beliebtesten Australiensouvenirs, des Akubra-Huts, finden Sie im etwas versteckt liegenden Laden *Shady* Insider Tipp *Lady.*

■ ÜBERNACHTEN ■

CULLEN BAY
SERVICED APARTMENTS
Modernes Apartmenthotel mit Koch-gelegenheit. *95 Zi. | 26 Marine Bou-levard | Tel. 08/89 81 79 99 | Fax 89 81 01 71 | www.cullenbayapts. com.au | €€ – €€€*

■ AM ABEND ■

DECKCHAIR CINEMA
Hollywoodstars unter dem Sternen-himmel von Darwin? Kein Problem: Zwischen April und November öff-net das Freilichtkino der Darwin Film Society mit 250 Liegestühlen *(deckchairs)* und 100 Sitzen seine

Meterhohe Termitenhügel im Kakadu National Park

SAVILLE PARK SUITES
Schönes Viersternehotel an der Es-planade. *204 Zi. | 88 The Esplanade | Tel. 08/89 43 43 33 | Fax 89 43 43 88 | www.savillehotelgroup.com.au | €€€*

VALUE INN
Einfaches und günstiges Zweisterne-haus direkt im Zentrum. *93 Zi. | 50 Mitchell Street | Tel. 08/89 81 47 33 | Fax 89 81 47 30 | www.valueinn. com.au | €€*

Pforten. Sitzkissen werden auf Wunsch verliehen. Es gibt zu Essen und zu Trinken (ab 18.30 Uhr, auch Bier und Wein), die Atmosphäre nahe Darwins Hafen ist einmalig. Das Ki-noprogramm *(www.deckchaircine ma.com.au)* beginnt um 19.30 Uhr, eine zweite Vorstellung findet, meist am Wochenende, um ca. 21.30 Uhr statt. *Eingang an der Esplanade oder an der Jervois Road am Wharf Precinct*

NORTHERN TERRITORY

TOURISM TOP END VISITOR CENTRE
Mitchell Street/Knuckey Street | Tel. 08/89 36 24 99 | www.tourismtopend. com.au, www.australiasoutback.de (offizielle Website des Northern Territory in deutscher Sprache)

ZIELE IN DER UMGEBUNG

TERRITORY WILDLIFE PARK [156 B2]
Große, teilweise renaturierte Anlage, die einen sehr guten Einblick in die Fauna und Flora des Northern Territory vermittelt. *Berry Springs (60 km südlich von Darwin) tgl. 8.30–18 Uhr | Eintritt 20 A$ | www.territory wildlifepark.com.au*

LITCHFIELD NATIONAL PARK [156 B2]
Der Nationalpark 160 km südlich von Darwin ist eine wilde Oase mit Wasserfällen, Schluchten, Regenwäldern und riesigen Termitenhügeln. In verschiedenen Wasserlöchern kann man schwimmen, ohne sich vor Krokodilen fürchten zu müssen.

KAKADU NATIONAL PARK

[155–156 C–D2] ⭐ Einer der bekanntesten Nationalparks Australiens liegt 255 km östlich von Darwin im Westen des Arnhemland-Gebirges, das sich 500 km von Norden nach Süden zieht und ihn vom abgelegenen und kaum besiedelten Arnhemland im Osten trennt. Der Nationalpark ist von den Vereinten Nationen wegen seiner natürlichen und kulturellen Bedeutung als Welterbe unter Schutz gestellt worden. Er ist mit einem gewöhnlichen Fahrzeug über den asphaltierten Arnhem Highway erreichbar. Versorgungszentrum des 19 000 km^2 großen Parks ist *Jabiru,* wo Sie Unterkünfte jeder Preisklasse und Verpflegung finden.

SEHENSWERTES

Sie sollten für eine Reise in den Park mindestens zwei bis drei Tage einplanen. Ein Besuch von *Yellow Waters Creek* ist ein einzigartiges Erlebnis. Auf einer Bootsfahrt durch die Feuchtgebiete sieht man nicht nur die gefährlichen Salzwasserkrokodile, sondern etwa 280 Vogel- und 1600 Pflanzenarten. Die beste Zeit für die zweistündige Bootstour ist während der Trockensaison am frühen Abend. Touren starten bei der *Gagadju Lodge* in *Cooinda (Yellow Water Cruises | Tel. 08/89 79 01 45 | www. yellowwatercruises.com).*

Ebenfalls empfehlenswert sind die *Jim Jim* und *Twin Falls,* zwei spektakuläre Wasserfälle. Die 70 km zwischen dem Kakadu Highway und den beiden Naturspektakeln können allerdings nur mit einem Allradwagen befahren werden. Ein Höhepunkt ist ein Rundgang (1,5 km, leicht) zu den Jahrtausende alten Felsmalereien am *Nourlangie Rock,* allen voran dem Bild des „Röntgenmanns". Eine wegen der Distanz von den übrigen Touristenattraktionen nicht im selben Ausmaß besuchte Felsmalereistätte ist *Ubirr,* 40 km nördlich des Arnhem Highway. Obwohl die Straße asphaltiert ist, kann sie in der Regenzeit oft nicht befahren werden.

Insider Tipp

Lohnend sind Ausflüge ins *Arnhemland,* ein weitgehend unerschlossenes Naturgebiet – und eine der letzten Grenzen für den Massentourismus. Vollständig unter Kontrolle der Yolngu-Aborigines, ist der Zugang aus kulturellen Gründen nur einer kleinen Zahl von Besuchern erlaubt. Touren und Infos: *Davidson's Arnhemland Safaris | Tel. 08/ 89 27 52 40 | Fax 89 45 09 19 | www. arnhemland-safaris.com.au*

ESSEN & TRINKEN ÜBERNACHTEN

GAGUDJU CROCODILE HOLIDAY INN

Mit dreieinhalb Sternen das beste Hotel im Kakadu-Nationalpark. Das Gebäude hat die Form eines Krokodils. *110 Zi. | Tel. 08/89 79 90 00 | Fax 89 79 90 98 | www.ichotels group.com | €€€*

KAKADU LODGE & CARAVAN PARK

Die Anlage in Jabiru bietet verschiedene Unterkünfte, von 42 Zimmern bis zum einfachen Zeltplatz. *Tel. 08/89 79 24 22 | Fax 89 79 22 54 | www.aurora-resorts.com.au | €–€€*

AUSKUNFT

BOWALI VISITOR CENTRE

Das Touristenbüro kurz vor Jabiru ist ein Muss für alle Besucher des Kakadu-Nationalparks: gute Ausstellung zur Geschichte des Parks, Kar-

> WÜSTENZUG INS OUTBACK
Mit dem Ghan von Adelaide in Australiens Top End

Viele Jahrzehnte war sie ein Traum, nun ist sie Wirklichkeit geworden – die Bahntrasse von Alice Springs nach Darwin ist fertig. Endlich kann der große Wüstenzug die kompletten 2979 km von Adelaide bis ins Top End zurücklegen – und das in nur wenigen Tagen (www.railaustralia.com.au). Das war nicht immer so: Die um 1870 gebaute Strecke zwischen Adelaide und Alice Springs – rund 1560 km – stand während der Regenzeit oft wochenlang unter Wasser. Pech für die Reisenden,

wenn dies während der Fahrt geschah – dann mussten sie aus der Luft mit Carepaketen versorgt werden; ein Trip konnte bis zu zwei Monate dauern. 1980 ließ die Australian Rail daher die Trasse um 300 km nach Westen verlegen und präsentierte Pläne für die Fertigstellung, die ein Vierteljahrhundert später gelingen sollte. Seinen Namen hat der Ghan von afghanischen Kameltreibern, die 1870 die Bauarbeiter mit Lebensmitteln und Materialien versorgten.

NORTHERN TERRITORY

Salzwasserkrokodile leben in den Flüssen und Sümpfen des tropischen Nordens

ten und andere Orientierungshilfen. Tel. 08/89 38 11 21 | www.environ ment.gov.au

KATHERINE

[156 C3] **Katherine (9500 Ew.) ist ein wichtiger Verkehrsknotenpunkt. Die kleine Stadt ist normalerweise der erste oder letzte Stopp auf dem Weg zwischen Darwin und Alice Springs sowie Ausgangspunkt für die Fahrt an die Grenze zu Western Australia.** Entsprechend wichtig ist der Tourismus für Katherine, obwohl viele Bewohner in der benachbarten Goldmine oder in der Landwirtschaft beschäftigt sind. Wegen der Katherine Gorge im Nitmiluk National Park hat sich die Re-

gion in den letzten Jahren aber auch einen Namen als eigenständige Destination geschaffen.

◼ ESSEN & TRINKEN ◼

DIGGERS DEN
Handfestes für Fernfahrer – und gutes, kühles Bier. *7 Victoria Highway | Tel. 08/89 71 04 22 | kein Ruhetag | €*

◼ ÜBERNACHTEN ◼

**KATHERINE IN TOWN
B & B GUEST HOUSE**
Freundliches Boutiquehotel. *3 Zi. | 13 Pearce Street | Tel. 08/89 71 10 05 | Fax 89 71 13 09 | €€*

◼ AUSKUNFT ◼

KATHERINE VISITOR CENTRE
Lindsay Street/Katherine Terrace | Tel. 08/89 72 26 50 | www.krta. com.au

◼ ZIEL IN DER UMGEBUNG ◼

NITMILUK NATIONAL PARK   [156 C3]
Der Eingang zum Park liegt rund 30 km östlich von Katherine. Dort befindet sich auch der Ausgangspunkt für Bootsfahrten durch die ★ *Katherine Gorge (www.travel north.com.au)*. Die Schlucht ist nicht nur wegen ihrer steilen Klippen beeindruckend; sie ist Heimat einer Vielzahl von Tieren und Pflanzen und von großer spiritueller Bedeutung für die Aborigines. 42 km nördlich von Katherine am Stuart Highway ist die Abzweigung zu den ebenfalls im Nitmiluk-Nationalpark gelegenen *Edith Falls.* Am dortigen Wasserloch ist Camping erlaubt – eine gute Übernachtungsmöglichkeit für alle, die nicht in Katherine selbst bleiben wollen.

Insider Tipp

> VIEL GEGEND UND WENIG MENSCHEN

Ob Wüste oder Meer: Western Australia bietet
jedem Besucher etwas Besonderes

> Mit einer Fläche von über 2,5 Mio. km^2 nimmt der Bundesstaat Western Australia etwa ein Drittel der Landmasse des Kontinents ein. Allerdings leben nur gerade 1,9 Mio. Menschen in diesem vom Rot der Wüste und vom Blau des Indischen Ozeans beherrschten Landesteil – ein Zehntel der Gesamtbevölkerung Australiens.

Die Hauptstadt Perth wurde 1829 gegründet. Erst 1850 aber begann sich die neue Kolonie wirklich zu entwickeln, als Strafgefangene zum Aufbau der Infrastruktur eingesetzt wurden. Ihnen sowie einem enormen Reichtum an Eisenerz und Gold ist es zu verdanken, dass selbst abgelegene Regionen verkehrsmäßig gut erschlossen sind. Der 2200 km lange Weg auf dem Highway 1 von Perth nach Broome im Norden führt durch einige der interessantesten und schönsten Gebiete des Landes. Menschenleere Strände, großartige Landschaftsformen wie die Pinnacles

Bild: Pinnacles (Nambung) National Park

WESTERN AUSTRALIA

nördlich von Perth und endlose Felder mit Wildblumen bestimmen das Bild an der sogenannten Outback-Küste.

BROOME

[154 C2] Broome (14 000 Ew.) ist die heimliche Hauptstadt der Kimberley. Einst ein isolierter Außenposten der Zivilisation, hat sich der Ort in den letzten Jahren dank des angenehmen Klimas und des entspannten, tropischen Lebensstils zu **einem Reiseziel für wintermüde Australier entwickelt.** Immer mehr erfolgreiche Berufstätige aus den südlichen Staaten wählen Broome zur Heimat. Bis 1910 war die Stadt weltweit führendes Zentrum der Perlenzucht und der Perlmuttherstellung. Heute spielt die Produktion von Perlen nur noch eine – wichtige – Nebenrolle. Der Tourismus ist zur zentralen Industrie in Broome geworden.

BROOME

■ SEHENSWERTES ■

CABLE BEACH

Der rund 6 km vom Stadtzentrum entfernt beginnende, 22 km lange Sandstrand ist die größte Attraktion in Broome *(www.broomecam.com)*.

Sonnenuntergang am Cable Beach

Busse fahren regelmäßig an den Strand. Obwohl es in den Gewässern der Kimberley von Haien und Krokodilen wimmelt, soll es an diesem Strand bisher keine Konfrontation zwischen den Tieren und Schwimmern gegeben haben. Ein einzigartiges Naturspektakel zwischen März und Oktober ist das ▶▶ *Staircase to the Moon* genannte Phänomen. Die

Insider Tipp

Treppe zum Mond kommt an drei Tagen im Monat zu Stande, wenn sich der Vollmond bei Ebbe in den Schlammfeldern der Roebuck Bay spiegelt. Auskunft über die Daten kann das Touristenbüro geben.

WILDERNESS PARK

Malcolm Douglas, der echte „Crocodile Dundee", hat sich als Fänger gefährlicher Salzwasserkrokodile auch im deutschen Fernsehen einen Namen gemacht. In seinem neuen, großen Park (eröffnet Ende 2007) zeigt er über 200 Krokodile und andere wilde Tiere. Geplant sind auch *Night Walks. Great Northern Highway, 16 km von Broome entfernt | www. malcolmdouglas.com.au*

■ ESSEN & TRINKEN ■

CHEFFY'S AT THE ROEY

Nettes Pubrestaurant mit Biergarten mitten in der Stadt (Roebuck Bay Motel). *Dampier Terrace | Tel. 08/91 92 12 21 | kein Ruhetag | €*

MATSO'S CAFÉ & BREWERY

Eine Legende in Broome. Restaurant mit eigener Brauerei. *60 Hammersly Street | Tel. 08/91 93 58 11 | kein Ruhetag | €€*

■ EINKAUFEN ■

Mehrere Läden im Stadtzentrum bieten Perlen an. Achtung: Die billigeren Süßwasserperlen *(Fresh Water Pearls)* stammen nicht von hier, sondern aus Asien.

■ ÜBERNACHTEN ■

BROOME BEACH RESORT

Neueres Resort mit angenehm ausgelegten *cabins* verschiedener Größe in der Nähe des Cable Beach. *4 Murray Road | Tel. 08/91 58 33 00 | Fax 91 58 33 39 | www.broomebeachresort.com | €€€*

BBO CAMPGROUND

Idealer Campingplatz (kein Stromanschluss, auch einige *cabins*) für Vogel- und Naturliebhaber an der Roebuck Bay, ca. 25 km von Broome entfernt. Interessante kurze Wanderwege mit Erklärungen. Unter Ornithologen gilt dieses Vogelobservatorium als eines der fünf bedeutendsten der Welt. *Crab Creek Road (6 km unasphaltiert) | Tel. 08/91 93 56 00 | Fax 91 92 33 64 | www.broomebird observatory.com | €*

CABLE BEACH CLUB RESORT

Die Topadresse in Broome, direkt am Cable Beach. Die für Broome typische Wellblecharchitektur gibt der Anlage einen besonderen Charakter. *Tel. 08/91 92 04 00 | Fax 91 92 22 49 | www.cablebeachclub.com | €€€*

■ AUSKUNFT ■

BROOME VISITOR CENTRE

Broome Highway/Bagot Street | Tel. 08/91 92 22 22 | Fax 91 92 20 63 | www.broomevisitorcentre.com.au

■ ZIELE IN DER UMGEBUNG ■

CAPE LEVEQUE   [159 E1] *Insider Tipp*

Die wilde, zum größten Teil den Aborigines gehörende Dampier-Halbinsel ist ein ideales Ausflugsziel für Allradfahrer. Eine 200 km lange Sand- und Schotterpiste führt in den Norden nach Cape Leveque, wo einsame Strände zum Fischen und Sonnenbaden gleichermaßen geeignet sind. Der Campingplatz *Kooljaman | Tel. 08/91 92 49 70 | Fax 91 92 49 78 | www.kooljaman.com.au | €–€€€*, bietet Luxussafarizelte, *cabins* und Zeltplätze an. Eine Vorausbuchung ist unbedingt erforderlich.

WILLIE CREEK PEARL FARM   [159 E2]

Die Perlenstation rund 40 km nördlich von Broome bietet eine gute Einführung in die aufwändige, aber lohnende Kunst der Perlenzucht. *Buchungen Tel. 08/91 93 60 00 | www.williecreekpearls.com.au*

EXMOUTH

[160 A2] Das Städtchen (2600 Ew.) an der Spitze des North West Cape hat sich zum Ausgangspunkt für Touristen entwickelt, die eines der letzten kaum berührten Korallenriffe erleben wollen. Das Ninga-

MARCO POLO HIGHLIGHTS

★ **Kimberley**
Einzigartige Wildnis und Isolation
(Seite 102)

★ **Ningaloo Reef**
Eines der schönsten
und vielfältigsten
Korallenriffe der Welt
(Seite 101)

★ **Wave Rock**
Interessante Felsformation 350 km
südöstlich von Perth
(Seite 109)

★ **Pinnacles**
(Nambung) National Park
Bizarr aufragende Felsnadeln in der
einsamen Sandwüste (Seite 108)

loo Reef ist ein Kronjuwel im Schatzkasten der australischen Natur.

ESSEN & TRINKEN
NINGALOO HEALTH
Ein echtes Paradies für Liebhaber biologischer Küche. *3 A Kennedy Street | Tel. 08/99 49 14 00 | tgl. 9–17 Uhr | €*

ÜBERNACHTEN
SEABREEZE RESORT
Kinderfreundliches Mittelklassehotel auf dem Gelände der Marinebasis unter deutscher Leitung; gutes Restaurant. *116 North C Street | Tel. 08/99 49 18 00 | Fax 99 49 13 00 | www.seabreezeresort.com | €€*

AUSKUNFT
EXMOUTH VISITORS CENTRE
Murat Road | Tel. 08/99 49 11 76 | Fax 99 49 14 41 | www.exmouth. com.au

>LOW BUDGET

> Vier kostenlose Buslinien animieren dazu, Perth zu erobern: Der Red Cat Bus verkehrt zwischen Ost und West, der Blue Cat Bus zwischen Nord und Süd, der Yellow Cat Bus vom Entertainment Centre nach East Perth und der Orange Cat Bus nach Freemantle *(www.transperth.wa.gov.au)*.

> Für ornithologisch Interessierte ist das entlegene *Eyre Bird Observatory*, 50 km südlich von Cocklebiddy, eine tolle Basis. Die ehemalige Telegrafenstation offeriert heute naturnahe Vollpension für ca. 80 A$/Pers. *(Tel. 08/90 39 34 50 | eyrebirdobs @bigpond.com)*.

ZIELE IN DER UMGEBUNG
CAPE RANGE
NATIONAL PARK   [160 A2]
Der an das Ningaloo Reef grenzende Nationalpark 39 km von Exmouth besticht mit einer Vielzahl geologischer Besonderheiten, Fossilien und 630 Blütenpflanzen. Eine Tour mit *Ningaloo Safari Tours* (23 Ningaloo Street | Tel. 08/99 49 15 50 | Fax 99 49 16 24 | www.ningaloosafari. com | 152 A$) gibt einen guten Überblick über die Schönheit des Nationalparks.

KARIJINI
NATIONAL PARK   [160–161 C–D3]
Mit 6000 km^2 der zweitgrößte Nationalpark des Bundesstaats, gilt der Karijini 500 km östlich mit seinen orangeroten Felsformationen als einer der landschaftlich spektakulärsten. Unterkunft und Verpflegungsmöglichkeiten in *Tom Price* und *Paraburdoo*. Im Park selbst ist Camping erlaubt.

MONKEY MIA   [160 A5]
In Monkey Mia 450 km südlich können Sie aus nächster Nähe Delphine beobachten. Die Tiere schwimmen fast jeden Morgen in Strandnähe des Monkey-Mia-Reservats (Eintritt 6 A$ pro Person) und dürfen – unter strikter Kontrolle – in knietiefem Wasser gefüttert werden *(www.mon keymiadolphims.org)*. Zehntausende von Besuchern kommen deswegen jedes Jahr in das Gebiet von Shark Bay. Die Praxis ist allerdings nicht unumstritten. Kritiker glauben, die Fütterung mache die Tiere von Menschen abhängig. Das *Monkey Mia Dolphin Resort (Monkey Mia Road |*

WESTERN AUSTRALIA

Shark Bay | Tel. 08/99 48 13 20 | Fax 99 48 10 34 | www.monkeymia.com. au | €–€€€) ist eine Camping- und Hotelanlage mit verschieden teuren Unterkünften.

NINGALOO REEF ⭐ [160 A3]

Das 260 km lange Riff, seit 1987 Meeresschutzgebiet, erstreckt sich vom kleinen Küstendorf *Coral Bay* resschildkrötenarten leben am Riff, ebenso wie Mantarochen, Buckelwale, Seekühe und verschiedene Haiarten. Einen Ruf geschaffen hat sich das Ningaloo Reef als einer von nur wenigen Orten, wo Walhaie aus nächster Nähe beobachtet werden können. Schnorchler dürfen mit diesen bis zu 18 m langen Fischen schwimmen – ein einzigartiges Er-

Delphine bei der morgendlichen Fütterung in Monkey Mia

(www.exmouth.wa.au) entlang der Halbinsel in Richtung Norden. Das Riff steht dem ostaustralischen Barrier Reef in punkto Schönheit und Vielfalt in nichts nach. Es ist Heimat von mindestens 220 verschiedenen Korallen- und 500 Fischarten. Das Zusammentreffen nährstoffreicher Meeresströmungen und die Nähe zum Kontinentalschelf erklären die einzigartige Artenvielfalt. Vier Mee- lebnis. Keine Angst: Die Giganten sind Planktonfresser und völlig ungefährlich.

Im Gegensatz zum Barrier Reef ist das Ningaloo Reef zu Fuß vom Festland aus erreichbar. In Lagunen wie der *Turquoise Bay* (60 km südlich von Exmouth, eigenes Fahrzeug empfohlen) können Sie mit Taucherbrille und Schnorchel selbst in hüfttiefem Wasser eine Vielfalt von Korallen und Fischen sehen. Firmen *(z. B. www.ningaloreefdive.com)* bieten Tauchtouren in die äußeren Bereiche des Riffs und Schnorchelexpeditionen zu den Walhaien an (Hauptsaison ist zwischen April und Juni).

KIMBERLEY

[155 D–F 2–4] ⭐ **Die Kimberleyregion im Norden ist etwas für abenteuerlustige Besucher. Gewaltige Schluchten, Wasserfälle, endlose Weiten und eine ganz spezielle Art von Felsmalereien locken in den hohen Norden Western Australias.** Das 423 000 km^2 große Naturgebiet zwischen den Städten Broome im Westen und Kununurra im Osten ist auf weiten Strecken menschenleer. Die kaum berührte Landschaft gehört zu den schönsten, die Australien zu bieten hat. Eine Reise durch die

Kimberley ist nicht nur mit einem wesentlichen Zeitaufwand verbunden, sie kann auch eine echte Herausforderung sein.

In den letzten Jahren haben allerdings nicht nur Tausende von Besuchern aus Übersee dieses Wildnisgebiet entdeckt, auch die Australier selber wagen sich in ihren Allradfahrzeugen immer weiter in die Isolation der Kimberley. Wer das einzigartige Erlebnis der Abgeschnittenheit vom Rest der Welt genießen möchte, sollte einen Besuch in der australischen Wintersaison unbedingt vermeiden. Zwischen Ende Juni und August sind selbst in den abgelegensten Teilen die Motels und Zeltplätze ausgebucht.

Im Mai sowie zwischen September und Oktober dagegen machen die Kimberley ihrem Ruf als menschenleere Gegend alle Ehre. Auch von der

Eines der letzten Abenteuer: die Erkundung der riesigen Kimberleyregion im Norden

WESTERN AUSTRALIA

Schönheit der Landschaft her sind dies die besten Reisezeiten – kurz nach oder vor der sommerlichen Regenzeit. Während der *Wet Season* sind weite Teile der Region komplett überspült und damit unpassierbar.

Die Fahrt mit dem eigenen oder gemieteten Wagen ist ideal für eine Reise durch die Kimberley. Sie erlaubt Abstecher in die zahlreichen Schluchten und – allerdings nur im Allradfahrzeug – in die wenig erschlossenen Gebiete der Dampier-Halbinsel und des Mitchell-Plateaus. Zwei Straßen verbinden West und Ost: der geteerte, ganzjährig befahrbare Great Northern Highway, der über 1000 km von Broome über Fitzroy Crossing und Halls Creek nach Kununurra führt, und die nur für Allradfahrzeuge empfohlene, über 600 km lange Naturstraße Gibb River Road.

GIBB RIVER ROAD

Die unbefestigte Straße führt zu den bekanntesten Schluchten des *Devonian Reef,* den Hauptsehenswürdigkeiten der Kimberleyregion, und ist nur in den trockenen Monaten befahrbar, also nicht zwischen November und April. Nur bestens gewartete und ausgerüstete Allradfahrzeuge sollten die Gibb River Road in Angriff nehmen. Erkundigen Sie sich zuvor beim *Main Road Department (Tel. 08/91 58 43 33)* nach der Befahrbarkeit *(detaillierte Information finden Sie auch im Internet unter www.derbytourism.com.au).*

Eine Reihe von Rinderfarmen entlang der Straße bietet Übernachtungsmöglichkeiten an, zum Beispiel *Digger's Rest (Zeltplatz mit cabins | Tel. 08/91 61 10 29 | www.diggers-rest.com | €).* An der Gibb River Road ist Übernachten im Zelt oder Auto nur erlaubt, wenn im Umkreis von 20 km kein Campingplatz zur Verfügung steht.

Insider Tipp

KUNUNURRA

[156 A4] Die Kleinstadt (6000 Ew.) an der Grenze zum Northern Territory entstand erst in den 1960er-Jahren mit dem Bau des gewaltigen Ord-River-Staudammprojekts. Heute werden in diesem landwirtschaftlich wichtigen Gebiet Früchte und Gemüse für den Export angebaut. Auf dem über 1000 km^2 großen Stausee *Lake Argyle* werden Schiffstouren angeboten.

■ AUSKUNFT
KUNUNURRA VISITOR CENTRE
Coolibah Drive | Tel. 08/91 68 11 77 | www.kununurratourism.com

PERTH

Am beeindruckendsten aus der Luft: Sandsteingebilde im Purnululu National Park

■ ZIEL IN DER UMGEBUNG ■

PURNULULU
NATIONAL PARK   [156 A5]

Ein gut zweitägiger Abstecher von Kununurra oder ein Zwischenstopp für Reisende auf der Great Northern Road. Der Besuch des Nationalparks ist allerdings nur während der Trockenzeit, etwa von Mai bis September, möglich. Erst in den 1980er-Jahren vom Tourismus entdeckt, gelten die von Flechten in verschiedenen Farbtönen gestreiften Sandsteinformationen der *Bungle Bungles* 300 km südlich von Kununurra als mindestens so spektakulär wie der Uluru (Ayers Rock) im Northern Territory. Ab Great Northern Road ist der Park auch bei guten Witterungsbedingungen nur für Allradfahrzeuge zugänglich (schwierige Schotterstrecke mit mehreren Bachdurchquerungen).

Auskunft: Halls Creek Tourist Centre | Hall Street | Tel. 08/ 91 68 62 62 | Fax 91 68 64 67

PERTH

KARTE AUF SEITE 105

[168 B4] Die moderne Hauptstadt von Western Australia (1,2 Mio. Ew.) liegt am Swan River, etwa 15 km oberhalb des Hafens von Fremantle. Das Stadtzentrum bietet eine interessante Mischung von eleganten Gebäuden im Kolonialstil und hochmodernen Glas- und Betonblöcken. Mit Bahn und Bus erreichbar ist der etwa 8 km südwestlich vom Stadtzentrum gelegene *Cottesloe Beach,* der wohl bekannteste Strand in Western Australia.

■ SEHENSWERTES ■

FREMANTLE

Schöne, restaurierte Gebäude geben Perths Hafenstadt einen ganz besonderen Charme. Gute Restaurants *(z. B. am Fishing Boat Harbour)* und Cafés entlang der South Street, Läden und Märkte *(Victoria Market Hall, Ecke Henderson/South Terrace,*

WESTERN AUSTRALIA

Fr 9–21, Sa 9–17, So 10–17 Uhr) locken die Besucher an – entweder per
Zug oder per Boot ab *Swan Bell
Tower/Barrack Street Jetty.* Aus-
kunft: *Fremantle Tourist Bureau |
Kings Square High Street | Tel. 08/
94 31 78 78 | www.fremantlewa.com.
au*

KINGS PARK

Nur wenige Minuten vom Stadtzent-
rum entfernt, ist der Park eine Oase
der Ruhe für müde Stadtwanderer.
Sehr schöner Rundblick vom
✳ *Kings Park Lookout* und vom
*DNA Observation Towe*r aus.

PERTH MINT

Hier können Sie die weltgrößte
Sammlung von Goldnuggets bestau-
nen und sogar beim Gießen des
Edelmetalls dabei sein. *310 Hay
Street | Mo–Sa 9–16, So 9–13 Uhr |
Eintritt 7 A$*

THE SWAN BELLS

In dem Glockenturm kann man nach-
gebildete Glocken aus der Londoner
Kirche St. Martin in the Fields hören
*(tgl. außer Mi und Fr 12 und 13
Uhr). Barrack Square/Riverside
Drive | tgl. 10–16.30 Uhr | Eintritt 6
A$ | www.swanbells.com.au*

WESTERN AUSTRALIAN MUSEUM

Das Museum gibt einen guten Einblick in die Geschichte der Kolonie.
*Francis Street | tgl. 9.30–17 Uhr |
Eintritt frei | www.museum.wa.
gov.au*

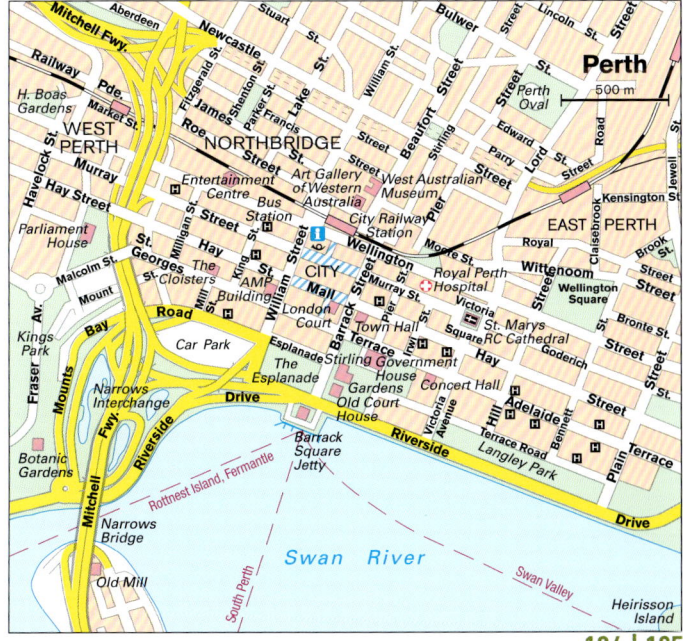

PERTH

Aus der Ferne betrachtet prägen moderne Gebäude das Stadtbild von Perth

■ ESSEN & TRINKEN ■

EMPEROR'S COURT
Das Restaurant gilt bei vielen Kennern als bester Chinese in ganz Western Australia. *66 Lake Street | Northbridge | Tel. 08/93 28 88 60 | kein Ruhetag* | €€

FRASER'S RESTAURANT ☘
Genießen Sie herrliche Fischküche, verbunden mit tollen Ausblicken auf den Kings Park und die Stadt. Superlecker ist die **Schokoladen-Nuss-Torte** mit Mascarponecreme, getränkt mit Amaretto. *Fraser Avenue | Kings Park | Tel. 08/94 81 71 00 | kein Ruhetag* | €€

Insider Tipp

OLD SWAN BREWERY
Brauereirestaurant, das mit einem vielfältigen Angebot an Gerichten und gutem selbsgebrauten Bier aufwartet. *173 Mounts Bay Road | Crawley | Tel. 08/92 11 89 99 | kein Ruhetag* | €€

■ EINKAUFEN ■

Der Großteil der Geschäfte und Arkaden befindet sich im Bereich von *St. Georges Terrace* sowie in der *William Street, Wellington Street* und *Barrack Street.*

■ ÜBERNACHTEN ■

BILLABONG BACKPACKERS RESORT
Neues, komfortables Billighotel. *56 Zi. | 381 Beaufort Street | Tel. 08/ 93 28 77 20 | Fax 93 28 77 21 | www. billabongresort.com.au* | €–€€

FREMANTLE COLONIAL ACCOMMODATION
Drei charmante *cottages* im Zentrum sowie ein B&B mit vier Zimmern. *215 High Street | Tel. 08/94 30 65 68 | Fax 94 30 64 05 | www.fremantle.co lonialaccommodation.com.au* | €€– €€€

HYATT REGENCY
Zentral gelegenes Fünfsternehotel. *367 Zi. | 99 Adelaide Terrace | Tel.*

WESTERN AUSTRALIA

08/92 25 12 34 | Fax 92 25 12 41 |
€€€

AM ABEND

Jeden Donnerstag steht im kostenlosen „Xpress", was in Perth gerade hip ist *(www.xpressmag.com.au)* und welche Liveband wo auftritt. Nachtleben findet vor allem im Stadtteil *Subiaco (Hay Street)* statt.

C-RESTAURANT

Drehrestaurant im 33. Stock mit gemütlicher Lounge, toll zum Sonnenuntergang. *Level 33 | 44 St. Georges Terrace | So–Fr 11–24, So 17–24 Uhr*

MUST WINE BAR

40 offene Weine und 500 Flaschenweine auf der Karte – das Angebot ist überwältigend. Dazu gibt's französische Snacks. *519 Beaufort Street | www.must.com.au | kein Ruhetag*

AUSKUNFT

WESTERN AUSTRALIAN TOURIST CENTRE
Forrest Place/Wellington Street | Tel. (gebührenfrei in Australien) 1300/ 36 13 51, Fax 08/94 81 01 90 | www. westernaustralia.com, www.perth.ci tysearch.com.au

ZIELE IN DER UMGEBUNG

KALGOORLIE-BOULDER　　　　**[169 E3]**
Mit einer Distanz von etwa 600 km ist eine Reise von Perth zu den Goldfeldern im Osten mehr als ein Ausflug. Doch der Besuch von Kalgoorlie-Boulder und Umgebung lohnt sich. 1892 entdeckt, sind die Goldvorkommen noch heute ein wesentlicher Grund für den Wohlstand Western Australias. Das Gebiet wird beherrscht von Tagebauminen. Auskunft über Touren: *Kalgoorlie-Boulder Tourist Centre | Tel. 08/*

> BÜCHER & FILME
Zur Einstimmung oder Erinnerung

> **Jenseits von Babylon**– Europäische Siedler im Norden Australiens begegnen der fremden Natur und den Ureinwohnern: ein Pladoyer für Toleranz und Verständnis zwischen den Kulturen von David Malouf.

> **Australien – Die Besiedlung des fünften Kontinents**– (Originaltitel „The Fatal Shore"): eindrucksvolle Geschichtsliteratur über die mit großem Leid verbundenen ersten Jahrzehnte der Strafkolonien von Robert Hughes.

> **Priscilla – Königin der Wüste** – („Priscilla – Queen of the Desert"), Regie: Stephan Elliott. Kultiger

Kostümfilm um drei Drag Queens (Travestiekünstler), die auf dem 3000 km langen Weg zu einem Gastspiel in Alice Springs mit dem klapprigen Bus „Priscilla" jede Menge kurioser Abenteuer erleben; in einer weiteren Hauptrolle: die Musik von Abba. Priscilla ist seit 2006 auch als Musical in Sydney zu sehen.

> **Australia**– Regie: Baz Luhrmann. Ende 2008 wird Australiens bislang größte Filmproduktion in die Kinos kommen, ein romantisches Outbackepos mit Nicole Kidman und Hugh Jackman in den Hauptrollen.

90 21 19 66 | Fax 90 21 21 80 | *www.
kalgoorlie.com*

PINNACLES (NAMBUNG)
NATIONAL PARK ⭐   [168 B3]

Ein Paradies für Fotografen: Die spektakuläre Ansammlung von bis zu 5 m hohen Kalksteinsäulen, 260 km nördlich von Perth, besucht man wegen der Lichtverhältnisse am besten am frühen Morgen. Ob sich hier die biblische Erzählung von Lots Frau hätte zutragen können, die zur Salzsäule erstarrte? Zumindest manche der Pinnacles erinnern an Stein gewordene Menschen. Wer den 5 km langen Rundweg durch den Säulenwald entlangfährt oder zwischen den Kegeln für ein Foto posiert, der mag sich die Geschichte wirklich gut vorstellen können. Wann die Pinnacles entstanden, ist zwischenzeitlich geklärt: vor rund 150 000–80 000 Jahren. Die Sonne buk hohlen Baumstümpfen den durch Wind angetriebenen Wüstensand auf. Durch chemische Reaktionen verklumpte das Granulat zur Kalksäule, an der wieder neuer Sand haften blieb.

ROTTNEST ISLAND   [168 B4]

Die 11 km lange und 5 km breite Insel 18 km vor Perth ist ein gutes Wochenendausflugsziel. Fährunternehmen bieten ein- und mehrtägige Touren auf die für ihre interessante Natur bekannte Insel an. Auskunft: *Rottnest Island Visitor Centre* | *Tel. 08/93 72 97 52* | *www.rottnestisland.com*

DER SÜDWESTEN   [168 B–C 5–6]

Der Südwesten von Western Australia hat ein angenehmes Klima, das Besuche während des ganzen Jahres erlaubt. Nur etwa drei Stunden Autofahrt südlich von Perth gelegen, hat sich die Region zwischen *Bunbury, Busselton, Margaret River* und *Pemberton* in den letzten Jahren zu einem Wochenendziel für qualitätsbewusste Westaustralier entwickelt. Weine von Weltklasse bei Margaret River und Pemberton, Käse, Honig, kombiniert mit einer schönen Landschaft und menschenleeren Stränden, machen den Südwesten zu einem erholsamen Urlaubsziel.

Wie viele Teile Australiens ist auch der Südwesten am besten im eigenen Fahrzeug zu entdecken. Nebst Degustationsbesuchen in Winzereien (Achtung: Auch in Western Australia macht die Polizei Alkoholkontrollen), sollten Sie eine Fahrt durch die Karri-Wälder zwischen *Manjimup* und *Walpole* an der Südküste nicht auslassen. Trotz der weltweiten Einmaligkeit werden diese bis zu 90 m hohen Bäume noch immer abgeholzt. Zwischen August und November blühen in der Region bis zu 7000 verschiedene Wildblumen. Auf der Strecke Walpole–Denmark können Sie im *Valley of the Giants* auf speziellen, bis zu 38 m hohen Gehwegen durch die Kronen einiger der ältesten Bäume auf dem Kontinent spazieren *(Tree Top Walk | tgl. 9–17 Uhr | Tel. 08/98 40 82 63 | Eintritt 8 A$)*. Um Margaret River gibt es mehrere spektakuläre Tropfsteinhöhlen, die entweder auf eigene Faust oder geführt besichtigt werden können *(www.margaretriver.com)*. *Naturaliste Charters* in Augusta und Dunsborough *(Tel. 08/97 55 22 76 | www.whalesaustralia.com)* bietet zwischen Juli und November mehrstündige Wal-

Im Licht der Vormittagssonne besonders fotogen: der Wave Rock

beobachtungstouren an. Dabei werden fast immer Buckelwale gesichtet. Übernachtungsmöglichkeiten gibt es unter anderem im *Bunbury Village Holiday Park,* einem Campingplatz mit gemütlichen Chalets, *Bussell Highway/Washington Avenue | Tel. 08/97 95 71 00 | Fax 97 95 71 07 | www.resortparks.com | €–€€,* oder im *Abbey Beach Resort,* gut gelegen für Ausflüge in die Weingegend, *595 Bussell Highway | Busselton | Tel. 08/97 55 46 00 | Fax 97 55 46 10 | www.abbeybeach.com.au | €€–€€€.* Perfekt geeignet für Familien mit Kindern sind die *Pump Hill Farm Cottages,* Farmaufenthalt in der Nähe der Karri-Wälder, *Pump Hill Road | Pemberton | Tel. 08/97 76 13 79 | Fax 97 76 18 79 | www.pump hill.com.au | €€.* Auskunft in Bunbury: *Visitor Information Centre | Old Railway Station | Tel. 08/97 92 72 05 | Fax 97 21 92 24 | www.visit bunbury.com.au*

WAVE ROCK ⭐ [169 D4]

Ein imposantes Felsgebilde in Form einer 15 m hohen Welle 350 km südöstlich von Perth in der Nähe des Orts Hyden. Geformt wurde die bizarre Riesenwoge von Wind und Wetter, Hitze, Frösten und herabstürzenden Regenfluten, die das seltsame Streifenmuster hinterließen. Der Wave Rock ist über 2 Mio. Jahre alt.

> WÜSTE, WEIN UND WEITER HIMMEL

Roter Sand, stachelige Spinnifexgräser und bizarre Felsenformationen

> **South Australia ist reines Outback-abenteuer. In dem fast 1 Mio. km² großen Bundesland leben etwa 1,5 Mio. Menschen.**

Die meisten wohnen in der hübschen, gepflegten Hauptstadt Adelaide und in den fruchtbaren Gebieten um die Lebensader Südaustraliens, dem mächtigen Murray River. In den landwirtschaftlichen Gebieten des Südens wachsen Wein, Obst und Getreide. Im Westen und Norden gehen diese schnell in weitläufige Rinder- und Schafzuchtgebiete, dann in trockene Zonen und faszinierende Wüste über. Fast überall gibt es versteckte Oasen mit einem großem Reichtum an Pflanzen und Tieren. Nach den seltenen, oft sehr heftigen Regenfällen beginnt auch in den trockensten Landesgebieten alles zu leben. Wildblumenteppiche sprießen, Insekten summen, Vögel sammeln sich um die plötzlich entstehenden

Bild: Kangaroo Island

SOUTH AUSTRALIA

Seen und Tümpel. Känguruhs, Dingos und kleine Beuteltiere vermehren sich in dieser Zeit des Überflusses.

ADELAIDE

 KARTE IN DER HINTEREN UMSCHLAGKLAPPE

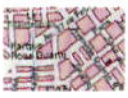

[173 D6] ⭐ **Elegante historische Sandsteinbauten sind eingebettet in blühende Gärten, weite Rasenflächen und gepflegte Parks – die Stadt wurde von freien Siedlern sorgfältig geplant.** Sträflinge kamen nicht nach South Australia. Viele der ersten europäischen Siedler, die in der ersten Hälfte des 19. Jhs. hier eintrafen, waren Menschen, die aus religösen oder politischen Gründen ihre Heimat verlassen mussten. Darunter waren auch deutsche Lutheraner, die sich auf dem Land außerhalb von Adelaide ansiedelten und dort Wein pflanzten. Adelaide ist eine tolerante, multikulturelle und kultivierte Stadt, mit zahlreichen Museen, Theateraufführungen und Konzerten.

▪ SEHENSWERTES

ADELAIDE BOTANIC GARDEN

Friedlicher Park mit Seen und einem wunderschönen Glashaus mit tropischem Regenwald. *North Terrace | tgl. 9 Uhr bis Sonnenuntergang |*

mit seinen viktorianischen Möbeln ist ein ausgezeichnetes Beispiel für den Kolonialstil aus dieser Zeit. *288 Northern Terrace | Di–Fr 10–16, Sa/So 13–16 Uhr | Eintritt 5 A$*

GLENELG

Eine Straßenbahn fährt vom Victoria Square in etwa 20 Minuten zum beliebtesten Strand von Adelaide. Fünf

Im South Australian Museum steht dieses Skelett eines Grauwals

Führungen tgl. 10.30 Uhr ab Botanic Gardens Restaurant | www.environ ment.sa.gov.au/botanicgardens

ART GALLERY OF SOUTH AUSTRALIA

Australische und internationale Kunst, wechselnde Wanderausstellungen. *North Terrace | tgl. 10–17, Führungen 11 und 14 Uhr | Eintritt 5 A$*

AYERS HOUSE HISTORIC MUSEUM

Das 1845 gebaute Haus des einstigen Premierministers Sir Henry Ayers

Minuten von der Straßenbahnhaltestelle entfernt startet der Katamaran von *Temptation Sailing* an der Holdfast Marina zu 3,5-stündigen *Swim-with-Dolphins-Touren (ca. 60 A$, Tel. 0412/81 18 38, www.dolphin boat.com.au).*

MIGRATION MUSEUM

Das Museum beleuchtet die Geschichte der Einwanderer nach South Australia bis heute. Darunter gibt es auch viele Informationen über deutsche Einwanderer. *82 Kintore Avenue | Mo–Fr 10–17, Sa/So 13–17 Uhr | Eintritt frei (Spende erwünscht)*

NATIONAL WINE CENTRE

Der futuristische Bau des Weinzentrums liegt am Rand des botanischen Gartens. Hier erfahren Sie interaktiv alles über den Wein Südaustraliens, das vor allem für seine erdigen, würzigen Rotweine bekannt ist. Das Zentrum hat einen ausgezeichneten Keller, bei dem Sie auch rare australische Weine kaufen können, die es im Ausland nicht gibt. *Yarrabee House | Botanic Road | Weinproben tgl. 10–17.30 Uhr | www.wineaustralia.com.au*

RODNEY FOX SHARK MUSEUM

der TIPP

In über 30 Jahren Arbeit hat der Dokumentarfilmer und „Weißer-Hai-Experte" eine Vielzahl teils Furcht erregender Stücke gesammelt. In einem Kino werden Rodneys Filme gezeigt. Im Museum können Sie Tauchtrips ins Reich des Weißen Hais an der südaustralischen Küste buchen. *Old Town Hall | Mosely Square | tgl. 10–17 Uhr | www.rodneyfox.com.au | Eintritt 6,50 A$*

SOUTH AUSTRALIAN MUSEUM

Die Ingarnendi-Ausstellung des naturhistorischen Museums zeigt Alltag, Kultur, Spiritualität und medizinische Errungenschaften der australischen Ureinwohner aus der Zeit vor der Ankunft der ersten europäischen Siedler. *North Terrace | tgl. 10–17 Uhr | Führungen mit Aboriginal-Führern Do/Fr 11.30–12.15 Uhr (im Museumsladen buchen) | www.samuseum.sa.gov.au*

TANDANYA – NATIONAL ABORIGINAL CULTURAL INSTITUTE

Das Kulturinstitut der Kaurna-Aborigines beherbergt Galerien mit Kunst- und Kunsthandwerk, wechselnde Ausstellungen. Es werden verschiedene Führungen angeboten (zwischen 40 Minuten und einem halben Tag), für die man sich sieben Tage im Voraus anmelden muss, Infos unter *www.tandanya.com.au. 253 Grenfell Street | tgl. 10–17 Uhr*

ESSEN & TRINKEN

Der *Central Market* und die benachbarte *Gouger Street* bieten die größte Auswahl an Restaurants und Cafés. Die *Rundle Street* in der Innenstadt ist eine Alternative, ebenso im Nor-

MARCO POLO HIGHLIGHTS

★ **Barossa**
Deutsches Siedlererbe
in lieblicher Landschaft
(Seite 115)

★ **Flinders Ranges National Park**
Rote Felsen, tiefe Schluchten
und Höhlenmalereien (Seite 116)

★ **Kangaroo Island**
Insel für Tierliebhaber:
seltene Känguruharten, Seehunde,
Koalas und zahllose Pinguine
(Seite 116)

★ **Adelaide**
Elegante Stadt mit viel Kultur zwischen
Meer und Weinbergen (Seite 111)

den die *Melbourne Street* oder die *O'Connell Street,* im Süden die *Hutt Street.*

BLISS ORGANIC CAFÉ

Restaurant mit vegetarischen Gerichten und frisch gepressten Obstsäften. *Compton Street | Tel. 08/82 31 01 05 | So geschl. | €*

HILTON RESTAURANTS

Ausschließlich mit Produkten aus South Australia bereitet die Küche von *The Brasserie (kein Ruhetag | €€)* die erstklassigen Speisen zu, während sich *The Grange (So–Di geschl. | €€ – €€€)* mehr um die Fusionsküche „West-Ost" kümmert. | *223 Victoria Square (im Hotel Hilton) | Tel. 08/82 17 20 00*

Insider Tipp

THE MANSE

Stilvoll eingerichtetes Restaurant mit moderner europäisch-australischer Küche. *142 Tynte Street | North Adelaide | Tel. 08/82 67 46 36 | kein Ruhetag | €€€*

EINKAUFEN

In Adelaide kann man gut Opale, Outback-Kleidung, Kunsthandwerk und Aboriginekunst kaufen. *Rundle Mall* ist das Shoppingzentrum mit Kaufhäusern, Boutiquen, Cafés und Arkaden.

CENTRAL MARKET

Der überdachte Markt beherbergt über 80 Stände mit wunderbarem Obst, Gemüse, Fisch und Fleisch aus der Umgebung von Adelaide. In kleinen Buden kann man asiatische und europäische Gerichte probieren. *Di, Do, Fr und Sa | Grote Street*

ÜBERNACHTEN

GLENELG BEACH HOSTEL

Preisgekrönte Backpacker-Unterkunft in einem altem Prachtbau des Strandvororts. *30 Zi. | 1–7 Mosely Square | Tel. 08/83 76 00 07 | www.glenelgbeachhostel.com.au | €*

SUSSEX COTTAGE

Eines von neun fein restaurierten Häuschen mit nostalgischen Betten, die sich als B&B über die Innenstadt und North Adelaide verteilen. Suchen Sie sich eines aus: *Tel. 08/82 72 13 55 | www.adelaideheritage.com | €€€*

Insi Ti

AM ABEND

Die Donnerstagsbeilage der Zeitung „Adelaide Advertiser" gibt einen guten Überblick über Theater, Konzerte, Opern, Musicals und Ausstellungen. Tickets für viele Veranstaltungen werden über BASS gebucht *(Tel. 13 12 46 | www.bass.sa.com.au).* Die populärste Livebühne haben *Fowlers Live (68 North Terrace | www.fowlerslive.com.au)* und Enigma für Rockmusik *(Do–Sa | 173 Hindley Street | www.enigmabar.com.au).* Die umfangreichste Programmauswahl (Konzerte, Kino etc.) finden Sie unter *www.essentialadelaide.blog.com.* Im SA Visitor and Travel Centre gibt es den kostenlosen *HIP-Guide to Adelaide,* der zuverlässig aktuelle Tipps auflistet.

AUSKUNFT

SOUTH AUSTRALIAN VISITOR AND TRAVEL CENTRE

18 King William Street | Tel. 08/83 03 20 33 | www.adelaidesecrets.com, www.southaustralia.com

SOUTH AUSTRALIA

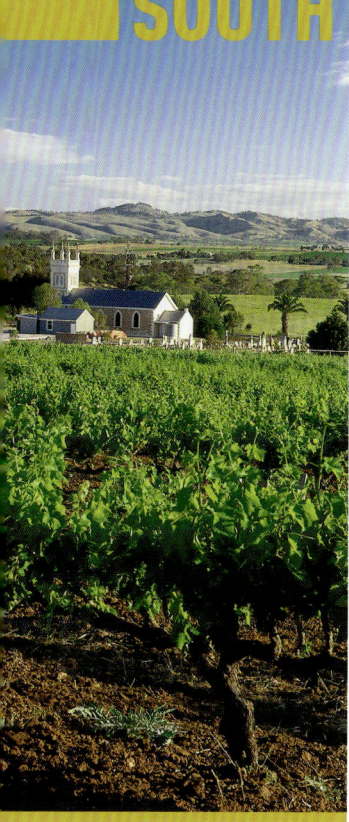

In der Gegend um Barossa wird seit über 150 Jahren Wein angebaut

■ ZIELE IN DER UMGEBUNG

ADELAIDE HILLS   [173 D6]

Etwa 30 km außerhalb von Adelaide beginnt eine liebliche Hügellandschaft, die Adelaide Hills *(www.ad hills.com.au)*. Dort gründeten 1839 50 deutsch-lutherische Familien, die mit dem Schiff „Zebra" nach Südaustralien gekommen waren, den Ort *Hahndorf* (1700 Ew.). Fachwerkhäuser deutscher Bauweise, eine alte deutsche Metzgerei, ein deutsches Gasthaus, ein antikes Uhrenmuseum und zahlreiche oft deutschtümelnde Andenkenläden und Restaurants locken jedes Jahr eine große Zahl von Touristen nach Hahndorf.

BAROSSA ★   [173 C–D6]

Herrlicher Wein, Schwarzbrot, Sauerteig, Käse, Oliven, geräucherte Wurst und Schinken – und historische Dörfer in lieblicher Landschaft: Das ist Barossa, ein Muss für Weinliebhaber. Das Gebiet liegt etwas 55 km nordöstlich von Adelaide. Es beherbergt über 50 Weinkellereien. 1840 siedelten sich im Barossagebiet die ersten britischen Bauern an. Ab 1842 fanden Lutheraner aus Schlesien, Brandenburg und Posen hier ein neues, tolerantes Zuhause, in dem sie ihre Religion frei ausüben konnten. Sie brachten die ersten Weinreben in das heute weltberühmte Weinanbaugebiet. Die erste deutsche Siedlung, *Bethany,* ist ein traditionelles Hufendorf. *Tanunda* (3500 Ew.), das ehemalige Langmeil, ist ein guter Ausgangspunkt für eine Wein- und Schlemmertour durch die Region. Man bleibt am besten mindestens eine Nacht, z. B. im *Blickinstal B & B (Rifle Range Road | Tanunda | Tel. 08/85 63 27 16 | www.users.big pond.com/blickinstal | €€)* mit zwölf gemütlichen Zimmern, Blick über die Weinberge und großem Frühstück. Auskunft: *Barossa Wine & Visitor Centre (66–68 Murray Street | Tanunda | Tel. 08/85 63 06 00 | www. barossa-region.org)*. Hier bekommen Sie auch die *Winery Map,* die den *Scenic Drive 4* durch das Barossa Valley beschreibt. Stopps lohnen sich bei den Winzern an der Para Road sowie bei Seppelt, Penfolds, Charles

Melton, Bethany Wines und Villa Tinto.

EYRE PENINSULA [172 B5]

Traumhafte Küste mit feinen Sandstränden zeichnet die Halbinsel 500 km westlich von Adelaide aus; im Hinterland finden sich Wüstenebenen und Wildnisgebiete der Gawler Ranges und der ausgetrocknete Salzsee Lake Gairdner. Zentrale Anlaufstelle ist das Kangaluna Camp, eine komfortable Zeltunterkunft, von der aus es ca. zwei Fahrstunden bis zur Baird Bay sind. Dort kann man mit Seelöwen und Delphinen schwimmen. Infos zu Touren: *http://gawlerrangessafaris.com.au*

FLINDERS RANGES NATIONAL PARK ⭐ [173 D3]

Die bizarren rot oder violett schimmernden Felsenformationen des rund 950 km² großen Nationalparks ragen über 400 km nördlich von Adelaide aus einer weiten Ebene. Tiefe Schluchten durchziehen die überwiegend trockene Zone.

Seehund am Strand von Kangaroo Island

Man muss die meisten Touren oder die Unterkünfte in dieser herrlichen Wildnis bereits von Adelaide aus buchen. Ein Allradwagen ist nur abseits der Hauptstrecke nötig. Der *Wilpena Pound,* eine riesige, von einem Ring zackiger Felsen umgebene Landschaft, ist das Wahrzeichen der Flinder Ranges. Vor über 500 Mio. Jahren war diese Hochebene Teil des Meeresbodens. Zahlreiche Versteinerungen in den Felsen zeugen davon.

Iga Warta (Tel. 08/86 48 37 37 | www.igawarta.com) heißt der Besitz der Coulthard-Familie, die Besuchern die Adnyamathanha-Kultur erklären. Cliff Coulthard, der in Frankreich bei der Sicherstellung und Interpretation der Felsenmalereien von Lascaux half, zeigt seinen Gästen einige der zahlreichen Felsenmalereien und Ritzungen in den Schluchten der Flinders Ranges. Die Gäste helfen mit beim Jagen und Sammeln von *bushfood,* wandern durch die Stille der Natur oder reiten auf den Pferden der Familie tief ins Gebirge. Touren können einige Tage oder nur ein paar Stunden dauern (ab 30 A$). Man kann auf Iga Warta (via Copley) campen oder sich vom *Wilpena Pound Resort (60 Zi. | 400 Zeltplätze | Tel. 08/86 48 00 04 | www. wilpenapound.com.au | €€)* abholen lassen.

KANGAROO ISLAND ⭐ [172 C6]

120 km südwestlich von Adelaide liegt Kangaroo Island. Für Tierliebhaber ist die 150 km lange Insel ein Muss. Man kann von Adelaide mit dem Flugzeug nach Kangaroo Island fliegen *(ca. 30 Minuten Flugzeit, Regional Express/Rex | Tel. 13 17 13,*

Aussichtspunkt im Flinders Ranges National Park

www.rex.com.au oder *Air South | Tel. 08/82 34 49 88 | www.airsouth.com. au)* oder mit der Autofähre in knapp einer Stunde von Cape Jervis auf der Fleurieu Peninsula nach Penneshaw übersetzen *(Kangaroo Island Sealink Ferry | Tel. 13 13 01 | www.sealink. com.au | PKW mit zwei Personen etwa 330 A$).* Auf der Insel gibt es kein öffentliches Verkehrssystem. Über die Hälfte von Kangaroo Island ist dicht bewaldet, über 30 Prozent der Wildnis ist Nationalpark. An den Stränden der Insel lagern riesige See-hund- und Seelöwenkolonien. Im *Seal Bay Conservation Park (Führungen tgl. ab 9 Uhr)* an der *Seal Bay* im Süden können Sie in Begleitung von Rangern eine Kolonie von mehreren Hundert Seelöwen besuchen. Pinguine nisten gleich neben der Anlegestelle für die Fähre. Pelikane drängen sich abends um den Pier von *Kingscote.* Im Winter ruhen sich Southern Right Whales vor der Insel aus. Wer nicht nur wandern und Tiere sehen möchte, kann auf Kangaroo Island schwimmen, surfen, tauchen,

reiten, Fahrrad fahren, Honig und Eukalyptusölprodukte kaufen – und sehr gut essen. Übernachten können Sie zum Beispiel in den *cabins* der *Flinders Chase Farm Accommodation (Tel. 08/85 59 72 23 | €)* oder im *The Kings B & B (Luxussuite mit Meeresblick | Tel. 08/85 53 70 03 | €€€).* Tagesausflüge ab Adelaide mit Bus und Fähre dauern ca. 16 Stunden. Sinnvoll ist die Hinfahrt (Abfahrt ca. 6.30 Uhr) mit dem Bus und der Rückflug gegen 18 Uhr *(organisiert Sealink | www.sealink.com.au),* besser noch, man plant zwei Tage für die Insel ein. Gute naturkundliche Touren, auch in deutscher Sprache und für Selbstfahrer, organisiert *APT (Tel. 08/85 53 03 86, www.kiodys seys.com.au).* Umfassende Infos unter *www.tourkangarooisland.com.au*

VICTOR HARBOR [173 D6] *Insider Tipp*

In Victor Harbor (11 500 Ew.), 84 km südlich von Adelaide auf der Fleurieu Peninsula, gibt es das frisch renovierte *South Australian Whale Centre (2 Railway Terrace)* mit Informationen über die Southern Right Whales, die man hier von Juni bis September beobachten kann. Die Victor Harbour vorgelagerte Insel *Granite Island* ist das Zuhause von rund 2000 kleinen Fairy-Pinguinen. Die Insel ist über eine hölzerne Brücke zu erreichen. Bis dahin kommen Sie mit der von schweren Kaltblütern gezogenen historischen Pferdebahn. Übernachten können Sie in der *Cape Jervis Station (15 Zi. | Cape Jervis Road | Apartments, B & B und Ferienhäuser | Tel. 08/85 98 02 88 | www.capejervisstation.com.au | €€).*

COOBER PEDY

[172 A2] **846 km nördlich von Adelaide und 685 km von Alice Springs am Stuart Highway gelegen, ist Coober Pedy (Aboriginal kuba piti für „Weißer Mann in einem Loch") bekannt für die weißen Opale, die in der Gegend vorkommen.** Das ganze Gebiet ist mit Tausenden kleiner Minenlöcher übersät. 85 Prozent der weltweit produzierten Schmuckopale stammen aus Coober Pedy und den beiden anderen Opalstädten *Andamooka* und *Mintabie.* Bei Tagestemperaturen von bis zu 45 Grad und eisiger Kälte in der Nacht erstaunt es nicht, dass die 3500 Bewohner von Coober Pedy aus der Not eine Tugend gemacht haben: Viele leben in ausgedienten Minen. Ganze Wohnungen und sogar Kirchen und Hotels wurden in das Gestein gehauen. In den sogenannten *Dugouts* herrschen das ganz Jahr hindurch Temperaturen von angenehmen 24 Grad. Einen guten Einblick in Leben und die Natur des Outbacks vermittelt der *Mail Run,* der ab Coober Pedy *(Mo–Do 9 Uhr)* nach *Oodnadatta* und *William Creek* führt *(600 km in ca. 12 Stunden | ca. 165 A$ | Tel. 08/ 86 72 52 26 | www.desertdiversity. com.au).* Ein einstündiger Rundflug führt zu den *Anna Creek Painted Hills,* eine ca. 300 km² große Sandstein-Hügellandschaft, die spektakulär in allen Farben schimmert *(ab Coober Pedy ca. 180 A$, www. wrightsair.com.au).*

Inside Tip

■ SEHENSWERTES ■

OLD TIMERS MINE

In dieser 1918 von Hand ausgegrabenen ehemaligen Opalmine werden Touren angeboten. Auch zwei Dugout-Wohnungen sind zu besichtigen. Ein idealer Ersatz für einen Besuch in einer aktiven Mine, die in Coober Pedy wegen der Gefahren nicht offiziell angeboten werden. *Crowders Gully Road | tgl. 9–17 Uhr | Eintritt 8 A$*

ESSEN & TRINKEN

TOM & MARY'S TAVERNA

Griechisches Restaurant. *Hutchison Street | Tel. 08/86 72 56 22 | kein Ruhetag | €*

EINKAUFEN

Eine Reihe von Geschäften in der Hutchison Street verarbeiten Opale

8 Zi. | Oliver Road | Tel. 08/86 72 52 23 | Fax 86 72 58 21 | *www.rade kadownunder.com.au* | €–€€

AUSKUNFT

VISITOR INFORMATION CENTRE

Gebäude des District Council | Hutchison Street | Tel. 1800/63 70 76 | Fax 08/86 72 56 99 | *www.opalcapi taloftheworld.com.au*

Urige Unterkunft: Underground Motel bei Coober Pedy

und verkaufen Schmuck. Die Preise sind hier um einiges niedriger als in den Großstädten *(www.opalcutter. com.au).*

ÜBERNACHTEN

RADEKA'S DUGOUT BACKPACKERS

Das Inn & Underground Motel bietet Dugout-Unterkünfte für jedes Budget – von preiswerten Kajütenbetten bis zur unterirdischen Familiensuite.

ZIEL IN DER UMGEBUNG

THE BREAKAWAYS RESERVE [172 B1]

Dieses farbenreiche Hügelgebiet 32 km nördlich von Coober Pedy dient immer wieder als Filmkulisse. Der ☀ Panorama Hill etwa spielte eine wichtige Rolle in dem 1979 gedrehten Actionfilm „Mad Max", der dem australischen Schauspieler Mel Gibson zum internationalen Durchbruch verhalf.

> UNBERÜHRTE WILDNIS

Der kleinste Bundesstaat des Kontinents
ist ein Geheimtipp für Australienerfahrene

> **Fast ein Drittel Tasmaniens ist geschützte Wildnis – zackige Felsgipfel, riesige Farne, moosüberwachsene Urwaldriesen, Wildbäche, Seen und versteckte Strände.**
In fast 15 000-jähriger Isolation vom australischen Festland haben sich hier Pflanzen und Tieren entwickelt, die es sonst nirgendwo auf der Welt gibt. Die Insel, etwa so groß wie Bayern und 300 km vor der Südküste des Kontinents auf dem Weg in die Antarktis, ist der kleinste und kühlste Staat Australiens. Die meisten der gerade 400 000 Einwohner leben in Hobart im Süden und Launceston im Norden. Dazwischen ist alles grün – reine Natur oder Landwirtschaft. Tasmanien erforscht man am besten auf einer Rundreise mit einem Mietwagen. Die Website *www.discover tasmania.com.au* bietet Informationen und Buchungsmöglichkeiten für ganz Tasmanien.

Bild: Wineglass Bay im Freycinet National Park

TASMANIA

CRADLE MOUNTAIN/ LAKE ST. CLAIR

[177 D5] ⭐ **Der Cradle Mountain/Lake St. Clair National Park gehört zu den ältesten geschützten Regionen Tasmaniens.** Kaum berührte Bergwildnis und berühmte Wanderwege locken Wanderlustige aus aller Welt.

■ SEHENSWERTES ■

DOVE LAKE

Im eiskalten Wasser des Sees spiegeln sich die Felsenspitzen des Cradle Mountain (1560 m). Um den See führt ein gut ausgebauter Wanderweg, vorbei an moosüberwachsenem Unterholz und hohen Baumriesen mit armdicken Schlingpflanzen. Die ein- bis zweistündige Wanderung beginnt am Parkplatz, 7,7 km von der Einfahrt zum Nationalpark entfernt.

THE OVERLAND TRACK

Der rund 65 km lange Overland Track von Cradle Mountain bis zum Lake St. Clair führt in etwa fünf Tagen durch Bergregionen, Hochmoore, uralte Regenwälder und tiefe Täler mit spektakulären Wasserfällen. *Infos zu geführten Touren unter* *www.tas-ex.com* *oder* *www.cradle*

LEMONTHYME LODGE

Rund 25 km außerhalb des Nationalparks Richtung Moina. Gäste wohnen in 29 luxuriösen Blockhütten mitten in einem Wald voller Tiere. Das Restaurant im hölzernen Haupthaus ist ausgezeichnet. *Cradle Mountain Road | Tel. 03/64 92 11 12 | www.lemonthyme.com.au | €€€*

In freier Wildbahn fast nie zu sehen: zwei Tasmanische Teufel im Tierpark

huts.com.au | Nov.–April Reservierung notwendig (www.overland track.com.au)

ESSEN & TRINKEN ÜBERNACHTEN

CRADLE MOUNTAIN TOURIST PARK

Preiswerte Möglichkeit zu übernachten, ungefähr 2 km vor der Einfahrt zum Nationalpark. *36 cabins | Tel. 03/64 92 13 95 | Fax 64 92 14 38 | www.cosycabins.com | €*

■ AUSKUNFT

CRADLE MOUNTAIN VISITOR CENTRE

An der Parkeinfahrt | Tel. 03/64 92 11 33 | www.parks.tas.gov.au

DEVONPORT

[177 D5] Devonport (22 300 Ew.) ist das Tor zum rauen Nordwesten Tasmaniens. Im geschäftigen Hafen der Stadt kommt die tägliche Autofähre von Melbourne nach Tasmanien an *(Buchungen und Infos: www.spiritoftasmania.com.au).*

SEHENSWERTES

TIAGARRA TASMANIAN ABORIGINAL CULTURAL CENTRE

Das Zentrum erklärt die 35 000 Jahre alte Geschichte der tasmanischen Aborigines. Mit Laden für Aboriginekunst und Café. *Mersey Bluff auf dem Weg zum Leuchtturm | tgl. 9–17 Uhr | Eintritt 4 A$*

ESSEN & TRINKEN ÜBERNACHTEN

LUCAS' HOTEL

Gutes Bier und herzhafte Küche mit frischen tasmanischen Produkten. *Latrobe, 9 km südlich | 46 Gilbert Street | Tel. 03/64 26 11 01 | kein Ruhetag | €–€€*

RANNOCH HOUSE B&B

Die fünf Luxuszimmer des alten Farmhauses sind liebevoll im viktorianischen Stil eingerichtet; reichhaltiges Frühstück. *5 Cedar Court | East Devonport | Tel. 03/64 27 98 18 | Fax 64 27 91 81 | www.rannochhouse. com.au | Mitte Juni–Aug. geschl. | €€€*

AUSKUNFT

TASMANIAN TRAVEL AND INFORMATION

5 Best Street | Tel. 03/64 24 44 66

ZIEL IN DER UMGEBUNG

STANLEY [177 D4]

Viktorianische Häuser und kleine Geschäfte säumen die alte Hauptstraße von Stanley (540 Ew., 100 km nordwestlich) unterhalb von *The Nut (Circular Head).* Der steile Felsen mit Sessellift ist ein beliebtes Ausflugsziel. Sie können Pinguine und Seelöwenkolonien besuchen oder eine Bootstour in die wuchernde *Arthur River Wilderness* unternehmen. *Stanley's on the Bay (15 Wharf Road | €–€€)* und *Julie and Patrick (2 Alexander Terrace | €)* sind ausgezeichnete Restaurants, und in den *cabins* des *Beachside Retreat* direkt am Strand können Sie romantisch übernachten *(3 Zi. | 31 Church Street | Tel. 03/64 58 13 48 | www.beach sideretreat.com | €€–€€€).* Informationen und Buchungen: *Stanley Visitor Information | 45 Main Road | Tel. 03/64 58 13 30*

Insider Tipp

HOBART

[177 D6] **Die Hauptstadt Tasmaniens (190 000 Ew.) mit vielen kolonialen Sandsteinbauten erstreckt sich vom malerischen Hafen am Derwent River bis in die umgebenden Berge.** Die Spitze des

MARCO POLO HIGHLIGHTS

⭐ **Port Arthur**
Ruinen mit grausamer Geschichte in lieblicher Umgebung
(Seite 125)

⭐ **Cradle Mountain/Lake St. Clair**
Kaum berührte Bergwildnis mit herrlichen Wanderwegen
(Seite 121)

⭐ **Strahan**
Fischerdorf und Tor zur Wildnis Tasmaniens (Seite 127)

⭐ **Franklin-Gordon Wild Rivers National Park**
Geheimnisvoller Urwald mit Farnen, Flechten und wilden Flüssen
(Seite 127)

HOBART

❄ Mount Wellington ist oft von Nebel umgeben oder schneebedeckt. An klaren Tagen haben Sie von hier eine herrliche Aussicht auf die Anfang des 19. Jhs. von Sträflingen erbaute Stadt.

■ SEHENSWERTES

BATTERY POINT

Winzige historische Arbeiterhäuschen mit blühenden Vorgärten, alte Sandsteinvillen, alternative Cafés, Buchläden und Antiquitätengeschäfte prägen den ältesten Stadtteil von Hobart um die Hampden Road *(Arthur's Circus)*.

■ ESSEN & TRINKEN

MIT ZITRONE

Hier bekommen Sie moderne australische Küche serviert; Bistrostil. *333 Elizabeth Street | Tel. 03/62 34 81 13 | kein Ruhetag | €€*

PROSSER'S ON THE BEACH

Chef de Cuisine Stuart Prosser erlernte seine Kunst in Frankreich und Asien. *Beach Road | Long Point | Tel. 03/62 25 22 76 | So geschl. | €€€*

■ ÜBERNACHTEN

LENNA OF HOBART

Luxushotel in denkmalgeschützter Villa. *50 Zi. | 20 Runnymede Street | Tel. 03/62 32 39 00 | www.lenna.com.au | €€€*

PRINCE OF WALES

Kleines Hotel mit bequemen Zimmern, zentral gelegen. *10 Zi. | 55 Hampden Road | Tel. 03/62 23 63 55 | www.princeofwaleshotel.net.au | €€*

■ FREIZEIT & SPORT

Das Unternehmen *Naturally Tasmania Tours (Tel. 03/62 27 98 00 | Fax 62 27 99 11 | www.naturtas.com.au)* bietet sehr schöne mehrtägige Spezialtouren für Gruppen ab zwei Personen an (auch in deutscher Sprache). Dabei geht es besonders um die Beobachtung der Tierwelt und die Entdeckung der Natur Tasmaniens.

Im Hafen von Hobart endet das jährliche Sydney to Hobart Yacht Race

Ruine der gotischen Kirche von Port Arthur

TASMANIAN TRAVEL CENTRE

Davey Street/Elizabeth Street | Tel. 03/62 30 82 33 | www.tourism.tas.gov.au

■ ZIELE IN DER UMGEBUNG ■

FREYCINET NATIONAL PARK   [177 E5]

Die Hauptattraktion der Gegend, 90 km nordöstlich von Hobart. Sie können fast 150 Vogelarten beobachten. Es gibt zahlreiche Wombats und kleine Kängeruhs. Besonders schön: die zwei- bis dreistündige Wanderung durch Eukalyptuswälder an die weißsandigen Strände der *Wineglass Bay.* Picknick und Badesachen mitnehmen! Ideal für die Übernachtung: *Freycinet Lodge,* sehr schön am Wasser gelegen und guter Ausgangspunkt für Touren *(Tel. 03/62 57 01 01 |* www.puretasmania.com.au | €€€*).* Infos unter www.freycinetcolesbay.com und www.parks.tas.gov.au/natparks/freycinet

MOUNT FIELD
NATIONAL PARK   [177 D6]

Im ältesten Nationalpark Tasmaniens, etwa 80 km westlich von Hobart gelegen, finden Sie unterschiedliche Öko-Nischen auf engem Raum, darunter Seen und Regenwälder, Geröllfelder aus der Eiszeit, neblige Hochmoore und kühle Berggipfel. Tasmanische Beutelteufel und Schnabeltiere sind leicht zu finden. Im benachbarten, ländlichen Ellendale vermieten John und Ann Trigg zwei schöne, kleine Holzhäuser mit Garten und Veranda: *Hopfield Country Cottages | 990 und 1015 Ellendale Road | Tel. 03/62 88 12 23 | Fax 62 88 12 07 |* €€

Insider Tipp

PORT ARTHUR ⭐   [177 E6]

Die Ruinen der „schlimmsten Strafkolonie des britischen Empires" befinden sich auf der malerischen Tasmanian Peninsula etwa 100 km südlich von Hobart. Das interaktive *Port Arthur Visitor Centre* und tägliche Führungen vermitteln ein Bild des Alltags der Sträflinge *(8.30–17 Uhr | 25 A$ |* www.portarthur.org.au*).* Die örtlichen Gespenster lernen Sie für 17 A$ auf der abendlichen *Ghost Tour* kennen. Übernachten in Offiziersquartieren aus der Sträflingszeit können Sie in den *Cascades Colonial Cottages* in fünf Luxusapartments an einer idyllischen Bucht. *533 Main Road | Koonya | Tel. 03/62 50 38 73 | Fax 62 50 30 13 |* www.cascadescolonial.com.au | €€€

LAUNCESTON

[177 D5] Die zweitgrößte Stadt Tasmaniens (70 000 Ew.) ist das Ziel einer großen Zahl von Feinschmeckern. Sie besuchen nicht nur die vielen guten Restaurants der Stadt, sondern auch die Weinberge und Obstplantagen des benachbarten Tamar Valley. Zahlreiche historische Gebäude und Parks zieren die Innenstadt.

■ ESSEN & TRINKEN ■
FEE AND ME
Eines der besten Restaurants in Australien, mediterrane und asiatische Küche. Unbedingt reservieren! *190 Charles Street | Tel. 03/63 31 31 95 | mittags und So geschl. | €€€*

STILLWATER
Pfiffiges Bistro; Chef Don Frameron bezeichnet seine vielfach preisge-

Insider Tip

Abgelegene Wildnis: der Franklin-Gordon Wild Rivers National Park

■ SEHENSWERTES ■
CATARACT GORGE
Die Wildnis liegt nur 15 Gehminuten von der City entfernt: Die tiefe Schlucht des reißenden *South Esk River* führt bis ins Herz der Stadt. Eine rund einstündige Wanderung geht über die schwankende Alexandra-Hängebrücke zum steilen 🌿 *Eagle Eyrie Lookout* und weiter zum alten *Toll House* an der *Kings Bridge*.

krönte Küche als *Freestyle Australian* – kreativ ist sie allemal. *Ritchie's Mill | Patterson Street | Tel. 03/63 31 41 53 | kein Ruhetag | €€€*

■ ÜBERNACHTEN ■
ALICE'S COTTAGES & SPA HIDEWAYS
Elf Luxusapartments, die mittelalterlich, im Rokokostil oder im Stil indischer Maharadschas eingerichtet sind. *129 Balfour Street | Tel. 03/*

> *www.marcopolo.de/australien*

63 34 22 31 | *www.cottagesoftheco
lony.com.au* | €€–€€€

■ AUSKUNFT ■

GATEWAY TASMANIA TRAVEL CENTRE
John Street/Paterson Street | *Tel.
03/63 36 31 33* | *www.gatewaytas.
com.au*

STRAHAN

[177 D5] ⭐ **Strahan (700 Ew.) ist eine
Ansammlung kleiner hübscher Holzhäuser
und Ziegelbauten.** Im von Hügeln um-
gebenen Naturhafen Macquarie Harbour liegen Fischerboote, Yachten
und Ausflugsschiffe. Einst war Strahan Sträflingskolonie und Holzfäller-
siedlung. Heute gelangt man von hier
in Tasmaniens größte Wildnis und
zum Gordon River.

■ ESSEN & TRINKEN / ÜBERNACHTEN ■

THE STRAHAN VILLAGE
Gute Unterkunftsmöglichkeiten aller
Preisklassen direkt am Hafen. *140 Zi.
und Apartments* | *The Esplanade* |
Tel. 03/64 71 42 00 | *Fax 64 71 43 89*
| *www.strahanvillage.com.au* | €–€€

■ AM ABEND ■

„The Ship that never was", ein witzi-
ges Stück über einen erfolgreichen
Fluchtversuch aus der Sträflingskolonie, wird täglich um 17.30 Uhr im
Theater des Strahan Visitor Centre
aufgeführt. *Ticket 12 A$*

■ AUSKUNFT ■

STRAHAN VISITOR CENTRE
The Esplanade | *Tel. 03/64 71 76 22* |
Fax 64 71 75 33 | *www.westcoast.
tas.gov.au*

■ ZIELE IN DER UMGEBUNG ■

**FRANKLIN-GORDON WILD RIVERS
NATIONAL PARK** ⭐   [177 D5–6]
Ausflugsschiffe fahren von Macquarie Harbour in den tiefschwarzen
Gordon River durch einen der wenigen Urwälder der gemäßigten Zone
mit bis zu 2000 Jahre alten Bäumen
(etwa 6 Std.). *Gordon River Cruises* |
The Esplanade | *Tel. 03/64 71 43 00* |
www.strahanvillage.com.au

LYELL HIGHWAY   [177 D5–6]
Der Lyell Highway (A 10) führt von
Queenstown 30 km östlich von Strahan Richtung Hobart 56 km mitten
durch die Wildnis. Die völlig zer-
störte Umwelt um die alte Bergbau-
und Holzfällerstadt Queenstown
steht in starkem Kontrast zu den
Schönheiten der Natur, die Sie auf
kurzen Wanderungen zu beiden Seiten des Highway erleben können,
etwa zu den *Nelson Falls* (20 Min.) *Insider
Tipp*
und ❀ *Donaghy's Lookout* (50
Min.). Der *Frenchmans Cap Walking
Track* beansprucht vier bis fünf Tage.

> LOW BUDGET

> DURCH DIE WÜSTE UND AM OZEAN ENTLANG

Eine abenteuerliche Tour und eine eher gemütliche Fahrt

Die Touren sind auf dem hinteren Umschlag und im Reiseatlas grün markiert

1 EINE REISE DURCH DIE TRAUMZEIT

Die MacDonnell Ranges westlich und östlich von Alice Springs gehören zu den kulturell bedeutensten Regionen der zentralaustralischen Arrente-Aborigines. Eine Fahrt durch den westlichen Teil der Bergkette bringt Sie nicht nur in Kontakt mit bedeutenden Stätten der Traumzeit, sondern mit atemberaubend schönen Schluchten und einer faszinierenden Tier-

und Pflanzenwelt. Die Tour kann mit einem konventionellen Fahrzeug an einem Tag durchgeführt werden. Eine Übernachtung am Ende der Teerstraße ist allerdings zu empfehlen, wenn man ausreichend Zeit haben will, um den Geist der Traumzeit in sich aufzunehmen.

Die Reise beginnt in **Alice Springs** *(S. 85)*. Nach 300 m auf dem Larapinta Drive liegt links die frühere Grabstätte von John Flynn, dem Gründer des Royal Flying Doctor

Bild: Great Ocean Road, Twelve Apostels

AUSFLÜGE & TOUREN

Service. Nach weiteren 10 km lädt **Simpsons Gap** zu einer ersten Pause. Ein kurzer Fußweg zwischen mächtigen Eukalyptusbäumen führt zu einem kleinen Wasserloch. Hier versteht man, weshalb der Simpsons Gap und die anderen Schluchten der MacDonnell Ranges für die lokalen Aborigines nicht nur kulturell und spirituell, sondern auch wirtschaftlich bedeutend waren. Über Jahrtausende haben sie in diesen Oasen mitten in sonnenverbrannter Wüste Wasser und Nahrung gefunden.

Auf dem Larapinta Drive geht es 24 km weiter zum **Standley Chasm**, der im Termiten-Dreaming der Iwupataka-Aborigines eine wichtige Rolle spielt. Diese Schlucht ist um die Mittagszeit besonders spektakulär, wenn die Sonne den Durchgang in einen glühend roten Korridor verwandelt. Nach dem Standley Chasm zweigt die Straße in den Namatjira Drive

Nach 42 km führt rechts eine Straße zum **Ellery Creek Big Hole**. Die Landschaft um dieses große Wasserloch ist geologisch besonders interessant und vielseitig. Ellery Creek Big Hole ist einer der Orte in den westlichen MacDonnell Ranges, wo das Kampieren erlaubt ist. Auf der Weiterfahrt entlang des Namatjira Drive können Sie noch an der **Serpentine Gorge** einen Zwischenstopp einlegen. Wie der Name sagt, schlängelt sich die Schlucht einem Reptil gleich durch den Felsen. Nicht verpassen sollten Sie die **Ochre Pits**, einen eigentlichen Querschnitt durch die 700 Mio. Jahre alte geologische Geschichte der Region. Hellgelbes bis rostrotes Ockergestein aus diesen Wänden diente den lokalen Aborigines als wichtige Grundlage für Felsmalerei und als „Währung" für den Handel.

Stanley Chasm bei Alice Springs

Nach einem Abstecher in die **Ormiston Gorge** treffen Sie schließlich im **Glen Helen Resort** (25 Zi. | *Namatjira Drive | Tel. 08/89 56 74 89 | Fax 89 56 74 95 | info@glenhelen.com.au*) ein, wo ein unterdurchschnittlicher Campingplatz und einige *cabins* Gelegenheit zum Übernachten bieten. Glen Helen liegt am Ufer des Finke River, der mit 100 Mio. Jahren im selben Bett der älteste Fluss der Welt sein soll. Das Wasserloch ist ein Paradies für die Vögel der Region. Die vereinzelt wachsenden Palmen auf der anderen Seite des Flusses sollen von afghanischen Kameltreibern gepflanzt worden sein, die maßgeblich bei der Erschließung des Innern des Kontinents beteiligt waren.

Wer mit einem Allradfahrzeug unterwegs ist, kann vor der Rückkehr nach Alice Springs noch auf der unbefestigten Straße die weiter westlich gelegene **Redbank Gorge** besuchen (schöner, einfacher Campingplatz). Wer mehr Zeit hat, dem bietet sich die Möglichkeit, über den **Gosse-Bluff-Krater** *(Tnorala)* und **Hermannsburg** *(S. 87)* auf dem Larapinta Drive nach Alice Springs zurückzufahren. Für diese Rundfahrt durch Aboriginal-Gebiet benötigt man allerdings den Meerenie Tour Pass, eine Bewilligung, die man in Alice Springs (Visitor Information Centre) oder im Glen Helen Resort erhält. Der Gosse-Bluff-Krater ist durch den Einschlag eines Meteoriten vor etwa 140 Mio. Jahren entstanden. Hermannsburg war die erste Missionsstation deutscher Lutheraner im Northern Territory und Heimat des Aboriginalmalers Albert Namatjira (1902–59). Namatjiras Aquarelle prägen den Stil

AUSFLÜGE & TOUREN

Der riesige Gosse-Bluff-Krater entstand durch Meteoriteneinschlag

von inzwischen drei Künstlergenerationen. Die Mission wurde 1877 erbaut und erst 1982 an die traditionellen Besitzer, die Aranda, zurückgegeben. Heute kann man die Station gegen ein kleines Entgelt besichtigen und sollte es dabei nicht versäumen, in der Kaffeestube einen Apfelstrudel zu probieren.

2 STEILE KLIPPEN, WEITE STRÄNDE, GEHEIMNIS- VOLLE WÄLDER

Die Great Ocean Road entlang der Küste südlich von Melbourne ist eine der schönsten Küstenstrecken der Welt. Die 345 km lange, ein- bis zweispurige Straße windet sich an endlosen Stränden und steilen Klippen entlang. Weiß schäumend brechen sich die Wellen des türkis schimmernden Ozeans an Sandbänken oder atemberaubenden Felsformationen. Wer die herrliche Natur der Küste und die Geheimnisse des Hinterlands nicht nur kurz sehen, sondern erleben möchte, sollte sich mindestens drei bis vier Tage Zeit nehmen.

Die ★ **Great Ocean Road** *(www. greatoceanroad.com.au)* beginnt in der Hafenstadt **Geelong** (130 000 Ew.), 70 km über die M 1/Princes Freeway von Melbourne. Die Anlegestellen des ehemaligen Industriehafens beherbergen heute Restaurants. Der lang gezogene Eastern Beach endet im alten botanischen Garten. Etwas besonderes: der restaurierte Art-déco-Seewasserpool, in dem Schwimmer vor Haien sicher sind. Die Great Ocean Road, die ab Geelong ausgezeichnet ist, führt weiter nach **Torquay** (3500 Ew.), dem Mekka für Surfbegeisterte. Hier gibt es tolle Surfgeschäfte und selbst ein **Surfmuseum** *(Surfworld | Surfcoast Plaza | Beach Road | Mo–Fr 9–17, Sa/So 10–16 Uhr | Eintritt 7 A$)*. Am legendären **Bells Beach** 2 km südlich von Torquay findet zu Ostern das internationale *Bells Beach Surfing Classic* der Profis statt. Die bis zu 4 m hohen Wellen sind nichts für Anfänger.

Weiter geht es auf der Great Ocean Road zum kleinen Badeort **Anglesea** und dann nach **Lorne** (1000 Ew.), dem Touristenzentrum der Küstenstraße mit einem herrlichen Sandstrand und Unterkünften jeder Art *(Auskunft: Lorne Visitors Centre | 144 Mountjoy Parade | Tel.03/52 89 11 52 | tgl. 9– 17 Uhr)*.

Apollo Bay *(S. 65)* 45 km weiter südlich ist noch beschaulich. Hier kann man sich gut ausruhen, schwimmen, fischen und den geheimnisvollen *Otway National Park* im Hinterland erwandern. Nur wenige ausländische Touristen verirren sich hierher: Riesige Baumfarne und hoch aufragende Eukalyptusbäume überschatten schmale Wanderwege. Man klettert über umgestürzte, moosbewachsene Urwaldgiganten, überquert klare Bäche, entdeckt sprudelnde Wasserfälle. Tagsüber kann man Kakadus und Raubvögel beobachten. Nachts werden Possums, Eulen und die fliegenden Eichhörnchen ähnelnden *Glider* aktiv. Unter moosbewachsenen Überhängen leuchten Tausende Glühwürmchen. Zu denen führt eine kleine Wanderung im Anschluss an eine interessante drei- bis vierstündige Tour mit dem Titel „Paddle with the Platypus". Organisator ist **Otway Eco Tours** *(ca. 85 A$ | Tel. 03/52 36 63 45 | http://platypustours.net.au)*, gestartet wird am späteren Nachmittag im Dörfchen Forrest. Die Wahrscheinlichkeit, Schnabeltiere zu sehen, ist groß. Im Angebot sind auch ein- oder mehrtägige Great Ocean Walks sowie Touren mit dem Mountainbike.

Von Apollo Bay geht es weiter Richtung **Port Campbell** (95 km). Nach 17 km durch schattigen Wald weist ein Schild auf der linken Seite auf **Maits Rest** hin. Vom Parkplatz führt ein mit hölzernen Bohlen befestigter Weg durch eine verwunschene Nische seltenen Regenwalds. Der Rundgang dauert 40 Minuten. Nur wenige Kilometer weiter führt eine 13 km lange, schmale Straße links

Insider Tipp

Die Great Ocean Road führt vorbei am Otway National Park

von der Ocean Road zum ☀ **Cape Ot-way Lighthouse**, einem alten Leuchtturm auf einem steilen Felsvorsprung 100 m über der See. Der Leuchtturm *(tgl. 9.30–16.30 Uhr | Eintritt 6 A$)* wurde 1848 von Sträflingen gebaut.

Die Great Ocean Road führt die nächsten 40 km in Richtung Port Campbell durch kühle Wälder, vorbei an kleinen und versteckt liegenden Farmen. Ab **Princetown** folgt die Straße der Steilküste des **Port Campbell National Park**. Atemberaubende, in der Sonne gleißende Felsformationen tauchen im tiefblauen Wasser auf: Die **Twelve Apostles**, die Zwölf Apostel. Einen ersten guten Eindruck der vom Meer geformten, natürlichen Kalksteinstatuen bekommen Sie am ☀ **Gibson Step Lookout**. Von hier aus führen steile Stufen bis zum Strand unterhalb der zerklüfteten Felsenküste. Bei gutem Wetter kann man am Strand bis zu den ersten Aposteln laufen. Nur ein kurzes Stück weiter geht es rechts zum Parkplatz des ☀ **Twelve Apostles Lookout** ab. Von hier haben Sie einen spektakulären Blick auf die Türme, Brücken und Bögen der Zwölf Apostel.

Weiter Richtung Port Campbell fahren Sie an der **Loch Ard Gorge** vorbei. **Port Campbell** ist ein winziger Fischerort mit einem hübschen, sicheren Badestrand und netten Restaurants, z. B. *Waves (29 Lord Street)*, feine Fischgerichte mit indisch-pazifischer Note *(Tel. 03/55 98 61 11 | kein Ruhetag | €€)*.

Von Port Campbell fahren Sie nach **Warrnambool** (22 500 Ew., *www. warrnamboolinfocom.au*). Die ehemalige Walfängersiedlung ist heute ein Ziel für Walbeobachter. Im australischen Winter, von Juni bis September, kommen *Southern Right Whales* hierher, um in der Bucht, wenige Meter vor **Logans Beach**, zu kalben. Unterkühlte Walbeobachter können sich im Tearoom des **Flagstaff Hill Maritime Museums** *(Merri Street | tgl. 9–17 Uhr | Eintritt 6 A$)* aufwärmen. Das Museum ist ein lebendiges Dorf – die Nachbildung einer Hafenstadt aus dem 19 Jh. mit Schiffbauern, Schmiede, Künstlern, Schule, Kirchlein, Pub und Bank. Abends sorgt die Sound and Laser Show „Shipwrecked" dafür, dass die Geschichte der Küste mit ihren tragischen Schiffsunglücken wieder in Erinnerung gerufen wird *(Reservierungen Tel. 03/55 59 46 00)*.

Von Warrnambool sind es weitere 30 km bis zum historischen Hafenstädtchen **Port Fairy** *(S. 67)*. Es lohnt sich ein Abstecher zum *Tower Hill State Game Reserve*, 12 km westlich von Warrnambool. Tower Hill ist der tiefe Krater eines erloschenen Vulkans. Innerhalb der Vulkanwände ist eine faszinierende Wildnis entstanden, in der Känguruhs, Koalas und Tausende von Vögeln zu Hause sind. Auf der schmalen Rundstraße sollten Sie langsam fahren, besonders am späten Nachmittag und abends begegnet man überall Tieren.

Von Port Fairy gelangen Sie über **Portland** (80 km) ins verschlafene **Cape Bridgewater** mit seinen zahlreichen Küstenwanderwegen, schwarzen, vulkanischen Felsen und dem uralten versteinerten Wald. Von Warrnambool kann man über die A 1, dem Princes Highway, Richtung Colac wieder auf direktem Weg nach Geelong zurückfahren (213 km).

Insider Tipp

EIN TAG IN SYDNEY

Action pur und einmalige Erlebnisse.
Gehen Sie auf Tour mit unserem Szene-Scout

BEHIND THE SCENES

6:55

Fisch, wohin die Nase riecht! Der *Sydney Fish Market* ist der größte Fischmarkt der südlichen Halbkugel. Große Fische, bunte Fische, Fische, von denen man bisher dachte, sie existierten nur bei Walt Disney. Wer es wissen will, schnappt sich einen Guide, der einen über den Markt führt. Natürlich auch vorbei an den Probierständen. Zugreifen! **WO?** *Locked Bag 247, Bank Street Pyrmont | Tel. 02 90 04 11 00 | Preis: 20 A$ | www.sydneyfishmarket.com.au*

11:00

SYDNEY BY PLANE

Zwei Schwimmkörper, zwei Flügel und man selbst mittendrin. Der Motor dröhnt und das Wasserflugzeug startet, hebt sich aus dem Meer und steigt immer höher – bis Oper und Wolkenkratzer nur noch Winzlinge sind. 15 Minuten wie ein Vogel in der Luft – sagenhaft! **WO?** *Abflug: Lyne Park, Rose Bay | Tel. 02 93 88 19 78 | Preis: 160 A$ | www.seaplanes.com.au*

SEGELTÖRN IN DIE VERGANGENHEIT

12:45

Gelber Kreis auf schwarzroten Balken – die Fahne ist gehisst und bläht sich im Wind. Die *Tribal Warrior* wartet. Keine Sorge: die rund 1 3/4 Stunden lange *Aboriginal Cultural Cruise* ist keine gewöhnliche Hafenrundfahrt. Ur-Australier steuern das Schiff und erklären, wie ihre Vorfahren in der Gegend früher gefischt und gelebt haben. Kaum zu glauben, dass die moderne Welt so nahe ist! **WO?** *Abfahrt: Easter Pontoon am Circular Quay | Tel: 02 96 99 34 91 | Preis: 55 A$ | www.tribalwarrior.org*

15:30

MOVE YOUR BODY

Rauf aufs Brett. Am angesagten Bondi Beach wird dies zur Herausforderung. Die Wellen sind so hoch, dass sie einen selbst überragen. Bretter leiht man am besten bei *Lets Go Surfing*. Wer lieber zusieht, relaxt im *Bondi Iceberg Club* in Hängesesseln. **WO?** *Lets Go Surfing | 128 Ramsgate Ave, North Bondi | Tel. 02 93 65 18 00 | Eine Stunde: 20 A$ | www.letsgosurfing.com.au | Bondi Iceberg Club | 1 Notts Avenue, Bondi | Tel. 02 91 30 48 04 | www.icebergs.com.au*

24 h

GEISTERSTUNDE

18:45

Bereit für einen Laternenumzug mit Gruselfaktor? Auf der einstündigen *Rocks Ghost Tour* ist Gänsehautstimmung garantiert, wenn die Gruppe durch Sydneys ältestes Viertel zieht und dabei Bekanntschaft mit allerhand furchteinflößenden Gestalten macht. Zu viel darf hier nicht verraten werden, es wäre schade um den Überraschungseffekt, daher nur ein paar Stichworte: Schreie, Irrlichter, Geister auf dem Dach. **WO?** *Cadman's Cottage | 110 George Street, The Rocks | Tel. 13 00 73 19 71 | Preis: 34 A$ | www.ghosttours.com.au*

20:30

ABORIGINES-FOOD

Lust auf gegrilltes Emu an einer Sauce aus Illawara Pflaume oder auf schwarze, tasmanische Muscheln? Das *Deep Blue Bistro* am Coogee Beach ist eines der wenigen Lokale, wo nach Aborigines-Art gekocht wird. In durchgestyltem Ambiente bringen die Köche Luxusfood zu erschwinglichen Preisen auf den Teller. Hmmmm ... **WO?** *56 Carr Street, Coogee Beach | Tel. 02 93 15 88 11 | www.deepbluebistro.com.au*

NIGHTCLIMB

22:00

Sicherungsgurt anlegen und tief durchatmen. 134 m Stahl wollen bezwungen werden. Schritt für Schritt bei voller Konzentration klettert man die Harbour Bridge bis zum Scheitelpunkt hinauf. Der Wind wird mit jedem Meter stärker, die Brücke schwankt – nur nicht nach unten sehen. Der *Bridge Climb* ist nichts für schwache Nerven. Doch sobald man oben ist, vergisst man alles. Vor einem breitet sich die nächtliche Skyline aus. Was will man da noch sagen? **WO?** *Harbour Bridge | Tel. 02 82 74 77 77 | Preis: ab 179 A$ | www.bridgeclimb.com*

23:30

CHILLOUT

Nach so viel Spannung ist Entspannung angesagt. In der *Water Bar*, die im vornehmen *Blue Sydney* untergebracht ist, chillt man in gemütlichen Sesseln oder fläzt auf Ottomanen. Also, Füße hoch und das schicke, aber legere Ambiente in einer der besten Bars der Welt genießen. **WO?** *6 Cowper Wharf Road | Tel. 02 93 31 90 00*

> SURFEN, TAUCHEN, REITEN

In Australien verbindet man Sport mit reinem Naturerlebnis

> An den endlosen Küsten des Inselkontinents kann man schwimmen, surfen, segeln oder tauchen – in den Bergen klettern oder gar Ski fahren. Und auch Liebhaber von Extremsportarten kommen in Australien auf ihre Kosten.

GOLF

Im ganzen Land wird Golf gespielt – selbst mitten in der Wüste. Auf den meisten Golfplätzen sind Gäste willkommen. Gebühren für eine Runde liegen zwischen 25 und 150 A$. Für 30–40 A$ können Sie sich Schläger, manchmal auch Schuhe, ausleihen. Auskunft: *Australian Golf Union | 153–155 Cecil Street | Melbourne | Tel. 03/96 99 79 44 | Fax 96 90 85 10 | www.agu.org.au*

KANU & KAJAK RAFTING

Die einsamen, langen Küsten Australiens und die wilden, klaren Flüsse

Bild: Wildwasserrafting

SPORT & AKTIVITÄTEN

Tasmaniens oder der Snowy Mountains sind für Sea-Kayaking, Kanufahrten und Rafting ideal. In vielen Küstenorten oder in der Nähe der Nationalparks gibt es kleine Veranstalter, die Kanus, Kajaks und Ausrüstung ausleihen oder geführte Touren anbieten. *World Expeditions (441, Kent Street | Sydney | Tel. 02/ 92 64 33 66 | www.worldexpeditions. com.au)* veranstalten Touren (1–14 Tage) in ganz Australien, die oft auch Aboriginal Communities miteinbeziehen.

REITEN

In Australien kann man fast überall reiten: in Reitschulen in den Parks und Vororten der Großstädte, auf riesigen Rinder- oder Schaffarmen (Ausritte sind Teil vieler Farmstays), am Strand und durch Regenwald – und im absoluten Reiterhimmel, den Snowy Mountains.

Reynella Kosciuszko Rides | Roslyn and John Rudd | Reynella | Adaminaby | Tel. 02/64 54 23 86 | Fax 64 54 25 30 | www.reynellarides.com.au *| 3 Tage/4 Nächte 1060 A$ | 5 Tage/6 Nächte 1650 A$ | Pferd und Helm, Zelt und Campingausrüstung, eine Farmübernachtung und alle Mahlzeiten inklusive*

■ SEGELN & SURFEN ■■■■■■

In allen australischen Küstengroßstädten und in vielen Ferienorten gibt es Segelschulen und Segelvereine, wo Sie entweder segeln lernen oder als gewieftes Crewmitglied mitsegeln können. Informationen/Preislisten kann man in der Regel bei den örtlichen Visitor-Information-Büros erhalten. Im Hafen von Sydney macht das Segeln auch nicht ganz seefesten Seglern Spaß. *Sail Australia (Cremorne | Sydney | Tel. 02/99 60 61 11 |* www.sailaustralia.com.au*)* veranstaltet Hafensegeltouren.

Man segelt selbst oder mit einem erfahrenen Skipper, *Kosten ab 90 A$ pro Person.* Ein tolles Erlebnis kann auch ein Segeltörn auf einer Maxiyacht zu den Whitsunday Islands vor der Küste von Queensland sein, veranstaltet z. B. von *Barefoot Cruises Australia ((33 Orchid Drive | Cannonvalley | Proserpine | Tel. 07/49 46 17 77 |* www.barefootcruises.com.au *| ab 825 A$).*

Surfschulen gibt es an den meisten bewachten Stränden Australiens. *Sydney Safe Surf Schools (The Pavillion, Marine Parade | Tel. 02/93 11 28 34 |* www.safesurfschools.com.au*)* am Strand von Maroubra veranstaltet ==ausgezeichnete Einführungskurse== abseits vom Touristenrummel zum Preis von 55 A$ für zwei Stunden, Surfboard und Wetsuit inklusive.

Insi Tip

■ TAUCHEN ■■■■■■

Während das Barrier Reef die wohl bekannteste Destination für Unter-

Wandern in den Nationalparks Australiens kann ein echtes Abenteuer sein

wassersportler ist, gibt es fast überall an der australischen Küste interessante Tauchplätze. Zunehmend bekannter und beliebter wird das farbenprächtige Ningaloo Reef in Westaustralien. Schnuppertauchgänge, die etwa am Barrier Reef angeboten werden, sind eine sehr gute Form, um sich mit einer der faszinierendsten Sportarten vertraut zu machen, die es gibt. Unter strikter Aufsicht, ausgerüstet mit Luftflasche, Flossen, Brille und Schnorchel, können selbst ängstliche Menschen in etwa 5 m Tiefe die Unterwasserwelt entdecken. Nach einer einstündigen theoretischen Einführung geht es bereits ins Wasser. Der Besuch einer Tauchschule ist eindeutig die günstigste Weise, in Australien zu tauchen. Ein einwöchiger Grundkurs kostet rund 350 Euro.

Schnuppertauchgänge am Great Barrier Reef bietet unter anderem die Firma *Quicksilver (Tel. 07/40 99 50 50)* im Küstenort Port Douglas an.

Weitere Informationen zum Thema Tauchen und Adressen von akkreditierten Tauchschulen finden Sie auf der Website von *PADI (Professional Association of Diving Instructors)* | *www.padi.com.*

▰ WANDERN ▰

Wandern/Bushwalking ist in vielen Teilen Australiens ein echtes Abenteuer. Sorgfältig ausgezeichnete Wanderwege, bewirtschaftete Hütten oder Unterkünfte gibt es nur in Stadtnähe oder in Touristenzentren. Wer in den riesigen Nationalparks mehrtägige Wanderungen unternehmen will, muss seine eigene Campingausrüstung, Essen, oft auch Wasser mitbringen und mit Kompass und topografischer Karte umgehen können. Örtliche Ranger beraten Bushwalker gern. Es ist wichtig, dass Sie sich vor dem Bushwalk beim zuständigen Rangeroffice abmelden und eine Notiz über die geplante Strecke und das voraussichtliche Rückkehrdatum hinterlassen. Vielerorts kann man sich gegen eine geringe Gebühr ein GPS-System oder einen Emergency Beacon ausleihen, damit man im Notfall in der Wildnis gefunden wird. Bekannte Bushwalks sind bei Sydney der *Royal National Park Coastal Walk,* in Queensland der *Fraser Island Walk,* auf Tasmanien der *Overland Track.* Wer zum erstenmal in Australien wandert, sollte sich einer erfahrenen Gruppe anschließen oder eine geführte Tour buchen. In einigen Fällen erhält man dabei auch einen Einblick in die Kultur der australischen Ureinwohner. Eine Auswahl an Touren finden Sie z.B. unter *www. worldexpeditions.com.au.*

EIN KONTINENT FÜR KINDER

Downunder lockt die Kleinen mit tollen Parks,
Dampflokfahrten und vielem mehr

> Australien ist ein sehr kinderfreundliches Land. Hotels, Museen und Freizeitparks, Busse, Bahnen und Fähren bieten zum Teil erheblich ermäßigte Familientarife.

NEW SOUTH WALES

BALMORAL BEACH   [175 E6]

Wer beim Baden an Sydneys Stränden seine Kleinen nicht der ruppigen Brandung an der Ostküste aussetzen will, ist am Balmoral Beach gerade richtig. Die Bucht des hübschen Vororts liegt geschützt im Norden des Hafens. Und während die Kinder auf dem Strand Sandburgen bauen, können die Eltern im angrenzenden Bathers Pavilion delikat lunchen oder auch nur einen Kaffee mit Aussicht genießen. Das Restaurant in dem ehemaligen Badehaus gehört zu den besten Gourmetadressen der Stadt. *Tel. 02/99 69 50 50 | www.batherspavilion.com.au | tgl. Lunch und Dinner, sonntags auch Frühstück | €€€*

CANBERRA

QUESTACON   [175 D6]

The National Science & Technology Centre lockt mit mehr als 170 interaktiven Ausstellungen. *King Edward Terrace | www.questacon.edu.au | tgl. 10–17 Uhr | Erwachsene 15 A$, Kinder 9 A$*

VICTORIA

PUFFING BILLY   [177 D2]

Zweistündige Rundfahrt mit der ältesten noch operierenden Dampflok Australiens. *40 km östlich von Melbourne | Old Monbulk Road | Belgrave Station | www.puffingbilly.com.au | Erwachsene ab 29 A$, Kinder ab 14,50 A$*

QUEENSLAND

MOVIEPARKS & CO   [175 F1]

Spaß (fast) ohne Ende: Etwa 60 km südlich von Brisbane und 20 Fahrminuten nördlich von Surfers Paradise (Gold Coast) dreht sich alles ums Vergnügen: *Seaworld (www.seaworld.com.au)* mit Delphindressuren und Wasserakrobatik, der tolle Filmpark Warner Bros. *Movie-*

> MIT KINDERN REISEN

world (www.movieworld.com.au) und gleich nebenan das Wasserparadies *Wet 'n Wild* sowie das allerdings eher für Erwachsene geeignete *Australian Outback Spectacular (www.outbackspectacular.com.au)*. *Dreamworld (www.dreamworld.com.au)* ist ein Erlebnispark u. a. mit Achterbahnfahrten und einem Riesenrad. *Tgl. 10–17 Uhr | Erwachsene ab 64 A$, Kinder ab 42 A$*

WESTERN AUSTRALIA

INVESTIGATOR SCIENCE AND TECHNOLOGY CENTRE [173 D6]

Spaß haben und dabei noch jede Menge lernen: Das macht das Investigator Science and Technology Centre in Adelaide möglich. Geheimnisse der Wissenschaft werden hier spielerisch gelüftet, ob bei verblüffenden Tests der Erdanziehung oder bei spannenden Einsichten in den menschlichen Körper. Ein Supertipp für die – in South Australia zugegeben wenigen – Regentage, bzw. ein angenehm temperierter Fluchtpunkt, wenn die Sommerhitze Aktivitä-

ten draußen verbietet. *Rose Terrace, Wayville, neben den Royal Adelaide Showgrounds | tgl. 10–17 Uhr | Erwachsene 5 A$, Kinder 3 A$*

SOUTH AUSTRALIA

ADVENTUREWORLD [168 B5]

Geheimnisvolle Höhlen, ein Wunderschloss, die Skyrail-Gondel und jede Menge Plantschbecken. *79 Progress Drive | Bibra Lake | 16 km südlich von Perth City | www.adventureworld.net.au | Okt.–April tgl. 10–17 Uhr | Erwachsene 39 A$, Kinder 32 A$*

TASMANIA

ALPENRAIL [177 D6]

Die riesige Modelleisenbahn fährt durch ein nachgebautes, 200 m^2 großes Berner Oberland mit vielen Brücken, Häuschen und Straßen. *82 Abbotsfield Road | Claremont bei Hobart | www.alpenrail.com.au | tgl. April–Sept. 10–16.30, Okt.–März 9.30–16.30 Uhr | Erwachsene 11,50 A$, Kinder 4,50 A$*

> VON ANREISE BIS ZOLL

Urlaub von Anfang bis Ende: die wichtigsten Adressen und Informationen für Ihre Australienreise

ANREISE

Gut 19 Stunden dauert der reine Flug von Mitteleuropa an die Ostküste Australiens. Die Kosten für ein Ticket in der Touristenklasse liegen je nach Saison zwischen 1000 und 1200 Euro. Vergleichen Sie besonders die Kosten für Steuern und Gebühren. Einige Airlines inkludieren preiswerte oder gar kostenlose australische Inlandsstrecken in das internationale Ticket.

AUSKUNFT

AUSTRALIAN TOURIST COMMISSION
Neue Mainzer Straße 22 | 60311 Frankfurt/M. | Tel. 069/274 00 60 | Fax 27 40 06 40 | www.australia.com

In Deutschland können Sie unter *Tel. 069/95 90 61 73* Broschüren für Australien und die einzelnen Bundesstaaten bestellen, in Österreich unter *Tel. 01/79 56 73 44*, in der Schweiz unter *Tel. 01/838 53 30*.

AUTO

In Australien herrscht Linksverkehr. Trotzdem gilt das Prinzip des Rechtsvortritts. Wer in einem Kreisel fährt, hat Vorfahrt. Generell herrscht innerorts eine Geschwindigkeitsbeschränkung von 50 oder 60 km/h. Außerorts sind es 80 km/h, auf Autobahnen 110 (Northern Territory 130) km/h. Nur in der Nähe der australischen Großstädte gibt es echte Autobahnen. Bei

vielen Highways handelt es sich um einspurige Landstraßen mit vereinzelten Überholstreifen.

BAHNEN & BUSSE

Australien lässt sich wunderbar per Bahn oder Bus entdecken. Gut beraten sind Sie, Buspässe für Trips mit Überlandbussen schon hierzulande zu reservieren. Die Pässe ermöglichen entweder auf einer vorbestimmten Route eine unbegrenzte Zahl von Stops, sind blockweise nach Kilometern gestaffelt oder aber reduzieren die Normalpreise generell um 50 Prozent. *Greyhound/Pioneer (Tel. 0061/7/32 58 16 00 | Fax 32 58 19 10 | www.greyhound.com.au) und McCafferty's (Tel. 0061/2/92 12 34 33 | Fax 92 12 34 66 | www.mc caffertys.com.au)* teilen sich weitgehend den Markt. Auch Bahntrips müssen Sie wegen geringer Sitzplatzkapazität unbedingt noch vor der Abreise klarmachen. Unter *www.buspass.de* finden Sie gute Angebote, weitere Informationen zum Austrail Flexipass (muss im Heimatland gekauft werden) gibt *www.ex plorer-fernreisen.com*.

BANKEN & GELD

In den Banken der Großstädte oder Touristenzentren (Mo–Fr 9–16 Uhr) kann man ohne größere Probleme Geld wechseln, Geld mit Kredit- bzw. Maestrokarten aus Automaten ziehen oder Travellerschecks einlösen. Kreditkarten (vor allem Visa und Mastercard) werden sehr verbreitet akzeptiert. Im Outback spielt Barzahlung aber noch eine große Rolle.

Bitte aufmerksam und vorsichtig fahren!

DIPLOMATISCHE VERTRETUNGEN

DEUTSCHE BOTSCHAFT

119 Empire Circuit | Yarralumla | Canberra | Tel. 02/62 70 19 11 | Fax 62 70 19 51 | www.germanembassy. org.au

ÖSTERREICHISCHE BOTSCHAFT

12 Talbot Street | Forrest | Canberra | Tel. 02/62 95 15 33 | Fax 62 39 67 51 | www.austriaemb.org.au

SCHWEIZER BOTSCHAFT

7 Melbourne Avenue | Forrest | Canberra | Tel. 02/61 62 84 00 | Fax

62 73 34 28 | *www.eda.admin.ch/australia*

■ EINREISE

Zur Einreise in Australien ist ein Touristenvisum nötig, das in der Regel beim Erwerb des Flugscheins ausgestellt oder beantragt werden kann. Es berechtigt zu einem Aufenthalt von drei Monaten. Die Aufnahme einer bezahlten Tätigkeit ist strikt untersagt und wird mit schwe-

WÄHRUNGSRECHNER

€	A$	A$	€
1	1,65	1	0,60
2	3,31	2	1,21
3	4,96	3	1,81
4	6,61	4	2,42
5	8,27	5	3,02
7	11,58	7	4,23
8	13,23	8	4,84
9	14,88	9	5,44
10	16,54	10	6,05

ren Strafen geahndet. Mit speziellen Work-and-Travel-Visa allerdings können junge Leute zwischen 18 und 30 bis zu zwei Jahre in Australien Urlaub machen und auch befristete Jobs annehmen *(www.immi.gov.au)*.

Auskunft: *Australian Embassy | Wallstr. 76–79 | 10179 Berlin | Tel. 030/880 08 80 | Fax 880 08 82 10 | www.german.embassy.gov.au*

■ GESUNDHEIT

Die meisten australischen Krankenhäuser und Ärztepraxen erkennen die deutschen Krankenversicherungen nicht an. Sie müssen in der Regel sofort bezahlen und die Rechnung später zu Hause bei Ihrer Versicherung einreichen. Oft ist eine Zusatzversicherung angebracht. Die meisten australischen Krankenhäuser bieten einen Dolmetscherservice für ausländische Kranke oder Unfallopfer.

■ INLANDSFLÜGE

Wenn Inlandsflüge nicht bereits schon im internationalen Ticket integriert sind (siehe Anreise), können die Strecken umkompliziert im Internet gebucht und per Kreditkarte bezahlt werden. Man erhält sofort ein sogenanntes E-ticket und muss beim Check-in nur noch seinen Ausweis vorzeigen. Die Konkurrenz der Billigflieger *Jetstar (www.jetstar.com)*, *Virgin Blue (www.virginblue.com.au)* und *Tiger Airways (www.tigerairways.com)* ist groß. Die Preise für Inlandsstrecken schwanken stark, je früher Sie buchen, desto besser. Im Südosten fliegt *Regional Express (www.rex.com.au)* auch in abgelegene Regionen.

■ INTERNET

Eine der umfassendsten Anlaufadressen für alle, die sich vor und nach einer Aussie-Tour informieren wollen, ist *www.australien-info.de*. Unzählige Verweise auf interessante australische Websites bietet *www.australien-links.de*. Eine Liste aller australischen Verkehrsmittel finden Sie unter *www.buslines.com.au*. Inhaltlich ähnlich wie die Gelben Seiten, aber übersichtlicher gegliedert präsentiert sich *www.communityguide.com.au*. Zugang zu den meisten Archiven in Australien erhalten Sie über *www.archivenet.gov.au*. Perfekten Service rund ums Wetter bietet *www.bom.gov.au*. Sehr informativ ist die Seite

PRAKTISCHE HINWEISE

der Charles Sturt University für Touristen in Australien, *www.csu.edu.au/australia*.

INTERNETCAFÉS & WLAN

Australien ist vor allem in den Städten stark vernetzt. Fast an jeder Straßenecke, vor allem aber in den touristischen Gegenden, finden sich Internetcafés. Oft verfügt auch die örtliche Library (Bücherei) über einen preiswerten Internetanschluss. Öffentliche WLAN-Standorte sind nur in größeren Städten zu finden. Eine Liste von etwa 500 kostenlosen oder kommerziellen australischen Hotspots gibt es unter *www.hotspot-locaction.de*.

KLIMA & REISEZEIT

Den Südosten (New South Wales, Tasmania, Victoria und South Australia) sowie Western Australia unterhalb des südlichen Wendekreises *(Tropic of Capricorn)* bereist man am besten zwischen Oktober und April, Queensland, Northern Territory und den Norden von Western Australia zwischen April und November. In der übrigen Zeit ist es im Süden eher kühl, im Norden (oberhalb des Capricorn) schwülwarm mit teils heftigen Regenfällen. Während der Sommerferien im Dezember und Januar sind vor allem die Campingplätze in Küstennähe meist ausgebucht.

MIETWAGEN

Mietwagen sind in Australien verhältnismäßig preiswert, ebenfalls (noch) Benzin und Diesel (ca. 1,50 A$/l). Ob ein Allradfahrzeug *(4wd)* benötigt wird, hängt von der Reiseroute ab. Vergewissern Sie sich, ob der Vermieter Fahrten auf unbefestig-

> BLOGS & PODCASTS
Gute Tagebücher und Files im Internet

> Wer in eine Suchmaschine „Australien Podcasts" eingibt, erhält eine Vielzahl von Treffern. Ein paar Tipps: *www.dopcast.de/tag/australien.html* und *http://podcast24.de* bieten eine gute Auswahl.

> *www.abc.net.au/rn/features/walkpark* – Radiofeatures über ausgewählte Nationalparks, produziert für den mp3-Player vom öffentlich-rechtlichen Sender ABC

> *www.reisebine.de* – Auf über einem Dutzend Australienreisen hat Sabine Hopf tolle Infos zusammengetragen.

> *www.ingrids-welt.de* – ausführliche Tourbeschreibungen mit einem Reiseforum

> *www.outback-guide.de* – Rainer ist Motorradfahrer, berichtet von seinen Erfahrungen im Outback; locker geschrieben.

> *www.australiablog.com* – umfangreiche aktuelle Infos in englischer Sprache

> *www.through-the-lens.de.vu* – eindrucksvolle australische Naturimpressionen, eingefangen vom Fotografen Jörg Rüblinger

Für den Inhalt der Blogs & Podcasts übernimmt die MARCO POLO Redaktion keine Verantwortung.

ten Straßen *(gravel roads)* erlaubt und schließen Sie unbedingt eine Versicherung ohne Selbstbeteiligung ab! Achten Sie auf Zuschläge wie z.B. Einweggebühren oder Kreditkartengebühren. Die besten Angebote für Wohnmobile erhalten Sie bei Spezialveranstaltern in Deutschland. Die größten Vermieter sind *www.*

> WAS KOSTET WIE VIEL?

> KAFFEE	**1,50 EURO**
	für eine Tasse Kaffee im Restaurant
> BIER	**2 EURO**
	für ein Bier im Pub
> WEIN	**2 EURO**
	für ein Glas Wein
> PIE	**1,50 EURO**
	für die Nationalspeise
> BENZIN	**0,60 EURO**
	für einen Liter Normal
> BUSFAHRT	**1,50 EURO**
	für eine Busfahrtkarte

maui.com.au, www.apollocamper.com und www.keacampers.com.

NOTRUF

Tel. 000, Anrufer müssen angeben, ob sie die Polizei, die Feuerwehr oder die Ambulanz benötigen.

ÖFFNUNGSZEITEN

In den Großstädten sind Restaurants, Pubs, Lebensmittelgeschäfte und Informationsbüros im Allgemeinen täglich geöffnet. Auf dem Land ist am Wochenende oft alles geschlossen. Tankstellen, Motels und kleine Restaurants schließen im Outback oft schon gegen 6 Uhr abends.

POST

Selbst der kleinste Ort verfügt über ein Poststelle. Eine Postkarte nach Mitteleuropa kostet 1,25 A$, ein Brief 1,95 A$ und ist ca. sechs Tage unterwegs. Weitere Infos unter *www. auspost.com.au*

PREISE & WÄHRUNG

Währungseinheit ist der Australische Dollar (A$). Es gibt Banknoten zu 10, 20, 50 und 100 A$, Münzen zu 1 und 2 A$, 5, 10, 20 und 50 Cent. Die Preise für viele Waren und Dienstleistungen sind mit denen in Deutschland und der Schweiz vergleichbar.

STROM

240 Volt Wechselstrom. Die meisten europäischen Geräte lassen sich unbeschadet betreiben, man benötigt jedoch einen kleinen Adapterstecker, erhältlich zum Beispiel an Flughäfen, in oder beim *chemist* (Drogerie).

TELEFON & HANDY

Die Vorwahlnummer für Australien ist 61, gefolgt von der regionalen Vorwahlnummer ohne 0, also 2 für Sydney (02). Die Vorwahlnummer von Australien für Deutschland ist 001149, für die Schweiz 001141 und für Österreich 001143. Gebührenfreie Nummern beginnen mit 1800, sechsstellige Nummern, die mit 13 anfangen, kosten überall den Ortstarif. In einigen Kabinen kann man nicht mehr mit Kleingeld, sondern nur noch mit einer der günstigeren

PRAKTISCHE HINWEISE

vorbezahlten Karten telefonieren, die in Zeitungsläden *(Newsagency)* oder in Postämtern erhältlich sind.

Beim Roaming spart, wer das günstigste Netz wählt. Mit einer Prepaidkarte des Gastlands entfallen die Gebühren für eingehende Anrufe. Prepaidkarten wie die von Global-Sim *(www.globalsim.net)* oder Globilo *(www.globilo.de)* sind zwar teurer, ersparen aber ebenfalls alle Roaminggebühren. Und: Sie bekommen schon zu Hause Ihre neue Nummer. Immer günstig sind SMS. Hohe Kosten verursacht die Mailbox: noch im Heimatland abschalten!

ZEIT

In Australien gibt es drei Zeitzonen: In Western Australia die Western Standard Time (MEZ +7 Std.), im Northern Territory und in South Australia die Central Standard Time (MEZ +8.5 Std.), in den übrigen Staaten die Eastern Standard Time (MEZ +9 Std.). In allen Bundesstaaten außer Queensland und Northern Territory gilt zwischen Oktober und März die Sommerzeit.

ZOLL

Die Einfuhr von Obst, Gemüse oder Fleisch ist wegen der Seuchengefahr verboten. Zollfrei einführen können Sie 250 Zigaretten oder 250 g Tabak und 2,25 l Alkohol, persönliche Gegenstände sowie Geschenke bis zu einem Wert von 900 A$. Bei Einkäufen über 300 A$ in einem Geschäft erhalten Sie am Flughafen 10 Prozent Mehrwertsteuer erstattet; die Waren müssen Sie jedoch beim Zoll vorzeigen *(www.customs.gov.au)*. Bei Wiedereinreise in die EU sind zollfrei 200 Zigaretten oder 50 Zigarren oder 250 g Tabak, 1 l Spirituosen, 2 l Wein, 250 g Kaffee sowie andere Waren im Wert von bis zu 170 Euro.

WETTER IN SYDNEY

	Jan.	Feb.	März	April	Mai	Juni	Juli	Aug.	Sept.	Okt.	Nov.	Dez.
	26	26	24	22	19	16	16	17	19	22	23	25
Tagestemperaturen in ºC												
	18	18	17	14	11	9	8	9	11	13	16	17
Nachttemperaturen in ºC												
	7	7	6	5	5	4	5	6	6	7	7	7
Sonnenschein Std./Tag												
	7	8	8	7	5	9	5	7	7	9	8	8
Niederschlag Tage/Monat												
	23	24	23	20	18	18	16	17	18	19	19	21
Wassertemperaturen in ºC												

„Sprichst du Englisch?" Dieser Sprachführer hilft Ihnen, die wichtigsten Wörter und Sätze auf Englisch zu sagen

Aussprache

Zur Erleichterung der Aussprache sind alle englischen Wörter mit einer einfachen Aussprache (in eckigen Klammern) versehen. Folgende Zeichen sind Sonderzeichen:

ə   nur angedeutetes „e" wie in bitte
θ   [s] gesprochen mit der Zungenspitze zwischen den Zähnen
'   die nachfolgende Silbe wird betont

■ AUF EINEN BLICK

Ja./Nein.	Yes. [jäs]/No. [nəu]
Vielleicht.	Perhaps. [pə'häps]/Maybe. ['mäibih]
Bitte.	Please. [plihs]
Danke.	Thank you. ['θänkju]/
	Cheers. [tschihrs]
Vielen Dank!	Thank you very much.
	['θänkju 'wäri 'matsch]
Gern geschehen.	You're welcome. [joh 'wälkəm]
Entschuldigung!	I'm sorry! [aim 'sori]
Wie bitte?	Pardon? ['pahdn]
Ich verstehe Sie/dich nicht.	I don't understand.
	[ai dəunt andə'ständ]
Ich spreche nur wenig …	I only speak a bit of …
	[ai 'əunli spihk ə'bit əw …]
Können Sie mir bitte helfen?	Can you help me, please?
	['kən ju 'hälp mi plihs]
Ich möchte …	I'd like … [aid'laik]
Das gefällt mir (nicht).	I (don't) like it. [ai (dəunt) laik_it]
Haben Sie …?	Have you got …? ['həw ju got]
Wie viel kostet es?	How much is it? ['hau'matsch is it]
Wie viel Uhr ist es?	What time is it? [wot 'taim is it]

■ KENNENLERNEN

Guten Morgen!	Good morning! [gud 'mohning]
Guten Tag!	Good day! [gud däi]
Guten Abend!	Good evening! [gud 'ihwning]
Hallo! Grüß dich!	Hello! [hə'ləu]/Hi! [hai]
Mein Name ist …	My name is … [mai näims …]
Wie ist Ihr/dein Name?	What's your name? [wots joh 'näim]
Wie geht es Ihnen/dir?	How are you? [hau 'ah ju]

> www.marcopolo.de/australien

SPRACHFÜHRER ENGLISCH

Danke. Und Ihnen/dir?	Fine thanks. And you?
	['fain θänks, ənd 'ju]
Auf Wiedersehen!	Goodbye!/Bye-bye! [gud'bai/bai'bai]
Tschüss!	See you!/Bye! [sih ju/bai]
Bis morgen!	See you tomorrow! [sih ju tə'mərəu]

▶ UNTERWEGS

links/rechts	left [läft]/right [rait]
geradeaus	straight on [sträit 'on]
nah/weit	near [niə]/far [fah]
Bitte, wo ist …?	Excuse me, where's …, please?
	[iks'kjuhs 'mih 'weəs … plihs]
Bahnhof	station ['stäischn]
Bushaltestelle	bus stop [bas stəp]
Flughafen	airport ['eəpoht]
Wie weit ist das?	How far is it? ['hau 'fahr_is_it]
Ich möchte … mieten.	I'd like to hire … [aid'laik tə 'haiə]
… ein Auto …/… ein Fahrrad …	… a car. [ə 'kah]/…a bike. [ə 'baik]
Ich habe eine Panne.	My car's broken down.
	[mai 'kahs 'brəukn 'daun]
Würden Sie mir bitte einen	Would you send a breakdown truck,
Abschleppwagen schicken?	please?
	['wud ju sänd ə bräikdaun trak plihs]
Gibt es hier in der Nähe eine	Is there a garage nearby?
Werkstatt?	['is θeə_ə 'gärahdsch 'niərbai]

TANKSTELLE

Wo ist die nächste Tankstelle?	Where's the nearest petrol station?
	['weəs θə 'niərist 'pätrəlstäischn]
Ich möchte … Liter …	… litres of … ['lihtəs əw]
… Normalbenzin.	… three-star, ['θrihstah]
… Super.	… four-star, ['fohstah]
… Diesel.	… diesel, please. ['dihsl plihs]
Voll tanken, bitte.	Full, please. ['ful plihs]

UNFALL

Hilfe!	Help! [hälp]
Achtung!	Attention! [ə'tänschn]
Vorsicht!	Look out! ['luk 'aut]
Rufen Sie bitte …	Please call … ['plihs 'kohl] …

einen Krankenwagen. … an ambulance. [ən 'ämbjuləns]
… die Polizei. … the police. [θə pə'lihs]
Es war meine Schuld. It was my fault. [it wəs 'mai 'fohlt]
Es war Ihre Schuld. It was your fault. [it wəs 'joh 'fohlt]
Geben Sie mir bitte Ihren Namen Please give me your name and
und Ihre Anschrift. address!
[plihs giw mi joh 'näim ənd ə'dräs]

ESSEN/UNTERHALTUNG

Wo gibt es hier … Is there … here? ['is θeər … 'hiə]
… ein gutes Restaurant? … a good restaurant …
[ə 'gud 'rästərohng]
… ein typisches Restaurant? … a restaurant with local
specialities …
[ə 'rästərohng wiθ 'ləukl ,späschi'älitis]
Gibt es hier eine gemütliche Kneipe? Is there a nice pub here?
['is θeər_ə nais 'pab hiə]
Reservieren Sie uns bitte für heute Would you reserve us a table for four
Abend einen Tisch für vier Personen. for this evening, please?
['wud ju ri'söhw əs ə 'täibl fə foh fə θis
'ihwning plihs]
Die Speisekarte, bitte. Could I have the menu, please.
['kud ai häw θə 'mänjuh plihs]
Ich nehme … I'll have … [ail häw]
Bitte ein Glas … A glass of …, please
[ə 'glahs_əw … plihs]
Auf Ihr Wohl! Cheers! [tschiəs]
Bezahlen, bitte. Could I have the bill, please?
['kud ai häw θə 'bil plihs]
Wo sind bitte die Toiletten? Where are the toilets, please?
['weərə θə 'toilits plihs]

EINKAUFEN

Wo finde ich …? Where can I find …?
['weə 'kən_ai 'faind]
Apotheke chemist's [kämists]
Bäckerei baker's [bäikəs]
Kaufhaus department store [di'pahtmənt stoh]
Lebensmittelgeschäft food store ['fuhd stoh]

ÜBERNACHTUNG

Können Sie mir bitte … Can you recommend …, please?
empfehlen? [kən ju ,räkə'mänd … plihs]
… ein Hotel … … a hotel … [ə həu'täl]

> *www.marcopolo.de/australien*

… eine Pension … … a guest-house … [ə 'gästhaus]
Ich habe bei Ihnen ein I've reserved a room.
Zimmer reserviert. [aiw ri'söhwd_ə 'ruhm]
Haben Sie noch … Have you got … [həw ju got]
… ein Einzelzimmer? … a single room? [ə 'singl ruhm]
… ein Doppelzimmer? … a double room? [ə 'dabl ruhm]
… mit Dusche/Bad? … with a shower/bath?
   [wiθ ə 'schauə/'bahθ]
… für eine Nacht? … for one night? [fə wan 'nait]
… für eine Woche? … for a week? [fə ə 'wihk]
Was kostet das Zimmer mit … How much is the room with …
   ['hau 'matsch is θə ruhm wiθ]
… Frühstück? … breakfast? ['bräkfəst]
… Halbpension? … half board? ['hahf'bohd]
… Vollpension? … full board? ['ful'bohd]

■ PRAKTISCHE INFORMATIONEN

Können Sie mir einen Can you recommend a good doctor?
guten Arzt empfehlen? [kən ju ,räkə'mänd ə gud 'doktə]
Ich habe hier Schmerzen. I've got pain here. [aiw got päin 'hiə]
Was kostet … How much is … ['hau 'matsch is]
… ein Brief … … a letter … [ə 'lätə]
… eine Postkarte … … a postcard … [ə pəustkahd]
… nach Deutschland? … to Germany? [tə 'dschöhməni]

■ ZAHLEN

0	zero, nought [siərəu, noht]	18	eighteen [,äi'tihn]
1	one [wan]	19	nineteen [,nain'tihn]
2	two [tuh]	20	twenty ['twänti]
3	three [θrih]	21	twenty-one [,twänti'wan]
4	four [foh]	30	thirty ['θöhti]
5	five [faiw]	40	forty ['fohti]
6	six [siks]	50	fifty ['fifti]
7	seven ['säwn]	60	sixty ['siksti]
8	eight [äit]	70	seventy ['säwnti]
9	nine [nain]	80	eighty ['äiti]
10	ten [tän]	90	ninety ['nainti]
11	eleven [i'läwn]	100	a (one) hundred ['ə (wan) 'handrəd]
12	twelve [twälw]	1000	a (one) thousand
13	thirteen [θöh'tihn]		['ə (wan) 'θausənd]
14	fourteen [,foh'tihn]	10000	ten thousand ['tän 'θausənd]
15	fifteen [,fif'tihn]	1/2	a half [ə 'hahf]
16	sixteen [,siks'tihn]	1/4	a (one) quarter
17	seventeen [,säwn'tihn]		['ə (wan) 'kwohtə]

> Die Seiteneinteilung für den Reiseatlas finden Sie auf dem hinteren Umschlag dieses Reiseführers.

Mit freundlicher Unterstützung von

kein urlaub ohne

holiday autos

gang einlegen, gas geben, urlaub kommen lassen.

holiday autos vermittelt ihnen ferienmietwagen zu alles inklusive preisen an über 5.000 stationen – weltweit.

REISEATLAS AUSTRALIEN

A **B** **C**

1

100 km

18

4000

5815

9

INDIAN

Seringapatam Reef

Scott Reef

2

OCEAN

Lynher Reef

75

C. N

Lombai

Pender Bay

Emeriau Pt.

Lacepede Is.

Beagle Bay

3

Bea

C. Baskerville

Carnot Bay

Coulomb Pt.

Point Coulomb
Nature Reserve

Da m

Mermaid Reef

Rowley Shoals

La

Clerke Reef

Kit

58

Imperieuse Reef

Broome

Roebuck

4

Gantheaume Pt.

34

Roadho

Roebuck
Bay

Thangoo

Rowley Shelf

Cable Beach

C. Latouche Treville

64

La Grange
Bay

La Grange

Rowley Shelf

C. Bossut

Nita Downs

5

87

Anna Plains

Eighty Mile Beach

546

561

1

W

Mandora

Wallal Downs

Sandfire Flat
Roadhouse

Poissonnier
Point

Larrey Pt.

C. Keraudren

Spit Pt.

Pardoo
Roadhouse

Great Northern Hwy.

G r

C. Thouin

Port Hedland

Goldsworthy

A

dabuk

16

Strelley

Mount
Goldsworthy

Shay Gap

Callawa

ana

6

131

De Grey Riv.

170

Wallareenya

138

Carlindi

Muccan

Yarrie

Warragagine

Yule Riv.

Turner Riv.

95

Lalla Rookh

139

Eginbah

Mallina

Gilliam

348

Gr

161

Marble Bar

Mount
Edgar

154

Isa

A ⊿ 155

B

C Billiluna

· 257

100 km

· 257

L. Jones   L. Betty

L. McLemon

L. Lanagan

Gregory L.

Balgo

1 Great Sandy Desert

Mt. Cornish   Godfreys Tank

Djalanon C.

Bal

363   351

Aborig

Mt. Elliott

Lan

Prescott Lakes

Southesk Tablelands

Bishop Ra.

French Hills   488

Percival Lakes

Stansmore Ra.

Cen

2 A u s t r a l i a

Tobin Lake

L. Auld

No. 35 Well

Canning Stock Route

Tabletop

527   Pollock

L. George   Hills

Au

L. Winifred   Mt. Web

· 532

3 G i b s o n   D e s e r t

L. Ari

Tropic of Capricorn

Windy Corner

W   **e**   **s**   **t**   **e**   **r**   **n**

L. Cobb

Aborig

McPhersons Pillar

4 534

Gibson   530   Alfred and Marie Ra.

Hutton Ra.   Mt. Madley   Desert

L. Hancock

Christopher L.   Rawlinson Ra.

L. Hoar   Nature   L. Newell   L. Farnham   Schw

L. Keene   L. Jones   Reserve

Charles   Browne   L. Gruszka   Warakurna

Knob   551   Ra.

Mt. William   Decker   L. Sprenger   **1253**

Lambert   Everard   Field

516   Junction

534   Mt. Johnson   Mt. Beadell   Mt. Charles

Boodi Boodi Ra.   · 533

Baker Ra.

Warburton Ra.   231

Fame Ra.   Mt. Breaden   Scamp Hill   Mt. Talbot

Linke Lakes   Herbert   Boyd Lagoon   594   Mt. Rawlinson

Wash   623   605   685

5 Sutherland Ra.   Warburton

Square Hill   705   Permits only

L. Bedford   L. Gillen   Axel Hill   Warburton Ra.   Mt. Squires

529

Mt. Laurie   Townsend Ridges

L. Wells   Manton Knob

503 ·

Ernest Giles Ra.   Baker Lake

574

Sykes Bluff   **G R E**

490

6 Mi Mi Rocks

L. Throssel

Cosmo   Saunders Pt.

Newberry   · 528   **162**

Aboriginal   ⊿ 170

Land   579   Yeo Lake

· 594   Yeo L.   Nature Reserve   Neale Junction

Mt. Shenton   Yamama   Nature Reserve

217
omtonia
375
Kamileroi
Myola
Nara

Gunpowder
Burke and Wills Roadhouse
Boomarra
Savannah Downs
Victoria Vale
Pelham

Alsace
Mining Area (Iron Ore)
Canobie
Arizona
Numil Downs
Malpas Hut

Dobbyn
Alcala
Kalmeta
Millungera
Saxby Downs
Etheldale
Middle Park

Calton Hills
Kajabbi
235
Clonagh
Etta Plains
Dalgonally
Bunda Bunda
Runnymede
Burleigh

ft
Mining Area (Silver Uranium)
Quamby
Ford
Constantine
134
Manfred Downs
329
Doncaster

Hilton
Moondarra
193
Julia Creek
Nelia
390
Maxwelton
Richmond

Mount Isa
Mining Area (Silver Uranium)
Cloncurry
Oorindi
Gilliat
Yorkshire Downs
256
Inlander

Mary Kathleen
117
Mt. Norna
418
Edith Downs

Cloncurry
Malbon Vale
Black Mtn. 568
Malbon
179
McKinlay
Clarafield
Dimora

Plateau
82
Selwyn Ra.
Beaudesert
A2
Kynuna
162
Dundee
Nottingham Downs

Duchess
Selwyn P.O.
335
Answer Downs
Arizona
Corfield

Butru
The Monument
Ranges Valley
Swords Ra.
Dagworth
Olio
Strathfillan

Ardmore
Buckingham Downs
Chatsworth
Cuckadoo
Denbigh Downs
Woodstock
Eldersle
Winton
622

Dajarra
Noranside
Burnham O.S.
Toolebuc
Middleton
Carters Ra.
Bladensburg Nat. P.

arandotta
Corrie Downs
Mt. Unbunmaroo 392
Warenda
Lucknow
Cork
Thymania

Roxborough Downs
Alderley
Waterford
Hamilton Hotel
Franklin
Old Cork
Happy Valley

Badalia
Stockport
Boulia
Canary
Brighton Downs
Cork Ra.

Mt.Whelan 189
Marion Downs
Lorna Downs
Mayneside
Vergement

Bedourie
Springvale
Coorabulka
Diamantina
Mt.Windsor
Mayne Riv.

218
Diamantina Lakes Nat. Park
378
Lochern Nat. Park
Ban Ban

The Channel Country
Astrebla Downs N.P.
Davenport Downs
Warbreccan
Stonehenge

L. Philippi
Glengyle
L. Machatti
Monkira
G R E A T
Jundah
Welford Nat. Park

Eyre Cr.
276
Palparara
Three Sisters 329
100
Retreat

L. Mipia
Bilpa Morea Claypan
Mooraberree
Morney
109
Windorah
46
50

Muncoonie ake West
169
Mt. Collins 260
South Galway
A R T E S I A N
Thylungra

L. Weemarie
Betoota
Cooper Cr.
300
Kyabra
202

Diamantina Riv.
Shallow L.
281
Moonda L.
B A S I N
Plevna Downs
216
Eromanga

Birdsville
Haddon Corner
Stoney Pt. 195
L.Yamma Yamma

New Alton Downs
L. Short
L. Etamunbanie
Durham Downs
278

Sturt
L. Uloowaranie

Stony
520
Desert
Goyders Lagoon
Bundeena

L. Koodnanie
Innamincka
242
Burke & Wills Monument
Nockatunga
173

L. Howitt
Tirrawarra Oil Field
Regional Reserve
Nappa Merrie
Jackson South Oil Field
123

Mirra Mitta Bore
Moorari Oil Field
Gidgealpa Gas Field
Moomba
Innamincka

Tropics of Capricorn

100 km

1

Marion Reef

Central Section

P A C I F I C

O C E A N

Great Barrier Reef

2

Hayman I.
Hook I.
Whitsunday I. Nat.P.
Shute Harbour
Airlie Beach
Whitsunday I.
Hamilton I.
Conway Nat.P.
Lindeman Group

Newry I.
Calen
Seaforth
Kuttabul
Cumberland Is.
Scawfell I.
Brampton Is.

Mirani
Mackay
herdale
Marian
Walkerston
Prudhoe I.
Eton
Hyden
Colston Park
Sarina Beach
Sarina
C.Palmerston
pson
852
Mt.Funnel
Ilfilbie
Northumberland Isles

Marine Park

Mt.Scott
Dipperu Nat.P.
Carmila
Percy Isles
60

Swain Reefs

3

Collaroy
Clairview
Long I.
Arthur Pt.
Townshend I.
The Alps
Broad
Sound
Shoal-
water
Bay
(Big-Game Fishing)
St.Lawrence
Double Mt.
Port Clinton
C. Clinton
May Downs
Ogmore
C. Manifold
747
Military
Training Area

Middlemount
Marlborough
Byfield
Byfield Nat. P.
436
Junee
Mt.Gardiner
Cammoo
Caves
Corio Bay
The Caves
Yaamba
Cawarral
Great Keppel I.
Tryon I.

Capricorn Group

4

Bluff
Rockhampton
Stanwell
Emu Park
North West I.
C. Capricorn
Heron I.

Tropic of Capricorn

Dingo
Westwood
Mount Morgan
Keppel
Bay
Curtis I.
Black-
water
Duaringa
Gogango
Bajool
Port Alma
Laleham
Rannes
Mt.Alma
747
Mount Larcom
Gladstone
Tannum Sands
Capricorn Section

Bunker Group

Woorabinda
(Aboriginal
Community)
Calliope
Specimen Hill
Eurimbula
Nat.P.
Agnes Waters
Lady Elliot I.

Bauhinia
Downs
Banana
Biloela
Miriam Vale
5
Moura
Watalgan
Sandy Cape
Mt. Nicholson
Theodore
Monto
Mulgildie
Moore Park
Bundaberg Rum
Bundaberg
Rooney
Pt.
Great
Waddy Pt.
Cracow
Isla G.
Nat. P.
Precipice
Nat.P.
Camboon P.O.
Gin Gin
Elliot Heads
Woodgate
Hervey
Bay
Burrum
Heads
Burgum Hill
Sandy

Expedition
Nat.P.
Cynthia
Eidsvold
Mount
Perry
Childers
Torbanlea
Hervey
Bay
Fraser I.
National
Park
234

Taroom
Mundub-
bera
Biggenden
Maryborough
6
Canal P.O.
Auburn
Brovinia
Boondooma
Res.
Military Train.
Inskip Point
Rainbow Beach
Double Island Pt.
Wandoan
Turkey
Mtn.
513
Durong
South
Murgon
Widgee Mtn.
688
Goomeri
Gympie
Great
Sandy
Nat. P.
Roma
Wallumbilla
Romaville
Winery
Yuleba
Jackson
Miles
Kingaroy
Kumbia
Nanango
Mt.Kiangarow
Bunya
Mtn.
Nat. P.
Yarraman
Cooroy
Tewantin
Noosa Heads
Sunshine Coast
Maroochydore-
Mooloolaba
Chinchilla
Condamine
Nanango
Kilcoy
Caloundra
Bribie I.

167
175

L. Wells

Ernest Giles Ra.

162

574

Mi Mi Rocks

L. Throssel

Cosmo Newberry

594 · 579
Mt. Shenton
Aboriginal
Yamarna
Pt. Salvation
508
Mt. Sefton
528
Land
Pt. Salvation
Abor. Land

Yeo Lake
Yeo L.
Nature Reserve

Manton Knob
Baker Lake

Sykes Bluff
490

Saunders Pt.
· 528

303 ·

Neale Junction

Neale
Junction

Nature
396
Reserve

G R E

Rason L.

W e s t e r n

Hope Campbell L.

Lighfoot L.

L. Minigwal

Blue Robin Hill

Nature
Reserve
Plumridge
Lakes

L. Gidgi

Carlisle
Lakes

Jubilee L.

L. Ilma

Great Victoria

Natur

Reserv

Shell Lakes

A u s t r a l i a

Streich Mound
· 352

Wildlife
Sanctuary

Cundeelee
Abor. Land

Cundeelee

Zanthus
Kitchener

Premier
Downs

Seemore
Downs

Indian-Pacific
Rawlinna

Haig

Loongana

Forr

N u l l a r b o

Harris L.

Ponton Cr.

B a s i n

We

Cocklebiddy
Cave

Mundrabilla

Mundra
Mot

Madura Pass 287

1248

Noondoonia

John Eyre
Motel

Cocklebiddy
Motel

Madura Motel

Flora & Fauna
Res.

John Eyre
Telegraph Station

E u c l a

Balladonia
Motel

247

Eyre Hwy.

Cliffs

Twilight Cove

Dundas
Nat. Reserve

Nanambinia

Russel Ra.

Wylie Scarp

Baxter

Pt. Dover

Pt. Culver

Juranda
Roadhouse
Mt. Dean
467
Tower Pk.
· 594

Nuytsland
Nature Res.

Orleans
Farms

Cape Arid
Nat. P.
Israelite Bay
Pt. Malcom
Sandy
Bight
Cape Pasley

Israelite Bay

Eastern
Group

C. Arid
Middle I.

Salisbury I.

South
East Is.

G r e a t   A u

4553

D   **E**   **F**

Mt. Lindsay 819
Mt. Sir Thomas 772
Cheesman Peak 657

Fregon (Aboriginal Community)
163
Indulkaria 551
Mt. Chandler 250
Marla 236
Mintabie
Ammaroodinna Hill 359

Everard Ras.
Officer Cr.

Pitjantjatjara

Aboriginal   Land

V I C T O R I A   D E S E R T

Unnamed Conservation Park

L. Meramangye

Tallaringa Conservation Park

S o u t h

Wyola Lake
L. Dey-Dey
Observatory Hill

Maralinga-Tjarutja

L. Maurice

Aboriginal Lands

Garford
Indooroopilly Outstation

A u s t r a l i a

Wilkinson Lakes
230
Half Moon L.

Woomera Prohibited

Military Training Area (Entry Prohibited)
Maralinga
Durkin Outstation

Yarle L.
Ooldea Ra.
Watson

P l a i n

Cook
Trans-Australian- Railway
Fisher
Bates
Wynbring

Deakin

Nullarbor Regional Reserve

Irould L.

Yellabinna

Koonalda Cave (Entry prohibited)
Ruins

Regional Reserve

Buff aph ... tion

Nullarbor Nat. P.
Nullarbor Roadhouse
523
Yalata
Yalata

Head of Bight

Aboriginal Land

Yumbarra Con. P.

Eucla Motels

Nundroo
OTC International Satellite Earth Station

... me   9h30   Gr. Time

Coorabie
C. Adieu
Nuyts Reefs

Fowlers Bay
Penong
Fowlers Bay

Ceduna
Denial Bay
St. Peter I.
Smoky Bay
Maltee

Smoky Bay

Nuyts Archipelago

Pt. Brown
St. Francis Isles
Streaky Bay

Streaky Bay

65

a l i a n   B i g h t

Investigator Group

1390

2000
200

4000

Autobahn, mehrspurige Straße - in Bau Highway, multilane divided road - under construction		Autoroute, route à plusieurs voies - en construction Autosnelweg, weg met meer rijstroken - in aanleg
Fernverkehrsstraße - in Bau Trunk road - under construction		Route à grande circulation - en construction Weg voor interlokaal verkeer - in aanleg
Hauptstraße Principal highway		Route principale Hoofdweg
Nebenstraße Secondary road		Route secondaire Overige verharde wegen
Fahrweg, Piste Practicable road, track		Chemin carrossable, piste Weg, piste
Straßennummerierung Road numbering	E20 11 70 26 5 40 9	Numérotage des routes Wegnummering
Entfernungen in Kilometer Distances in kilometers	130 **259** 129	Distances en kilomètres Afstand in kilometers
Höhe in Meter - Pass Height in meters - Pass	1365	Altitude en mètres - Col Hoogte in meters - Pas
Eisenbahn - Eisenbahnfähre Railway - Railway ferry		Chemin de fer - Ferry-boat Spoorweg - Spoorpont
Autofähre - Schifffahrtslinie Car ferry - Shipping route		Bac autos - Ligne maritime Autoveer - Scheepvaartlijn
Wichtiger internationaler Flughafen - Flughafen Major international airport - Airport	✈ ✈	Aéroport importante international - Aéroport Belangrijke internationale luchthaven - Luchthaven
Internationale Grenze - Provinzgrenze International boundary - Province boundary		Frontière internationale - Limite de Province Internationale grens - Provinciale grens
Unbestimmte Grenze Undefined boundary		Frontière d'Etat non définie Rijksgrens onbepaalt
Zeitzonengrenze Time zone boundary	-4h Greenwich Time -3h Greenwich Time	Limite de fuseau horaire Tijdzone-grens
Hauptstadt eines souveränen Staates National capital	**CANBERRA**	Capitale nationale Hoofdstad van een souvereine staat
Hauptstadt eines Bundesstaates Federal capital	**Perth**	Capitale d'un état fédéral Hoofdstad van een deelstat
Sperrgebiet Restricted area		Zone interdite Verboden gebied
Nationalpark National park		Parc national Nationaal park
Antikes Baudenkmal Ancient monument	∴	Monument antiques Antiek monument
Sehenswertes Kulturdenkmal Interesting cultural monument	*Angkor Wat*	Monument culturel interéssant Bezienswaardig cultuurmonument
Sehenswertes Naturdenkmal Interesting natural monument	*Ha Long Bay*	Monument naturel interéssant Bezienswaardig natuurmonument
Brunnen Well		Puits Bron
Ausflüge & Touren Excursions & tours		Excursions & tours Uitstapjes & tours

REGISTER

In diesem Register sind alle im Reiseführer erwähnten Orte und Ausflugsziele verzeichnet (NP = National Park). Halbfette Seitenzahlen verweisen auf den Haupteintrag, kursive auf ein Foto.

> *www.marcopolo.de/australien*

SCHREIBEN SIE UNS!

Liebe Leserin, lieber Leser,

wir setzen alles daran, Ihnen möglichst aktuelle Informationen mit auf die Reise zu geben. Dennoch schleichen sich manchmal Fehler ein – trotz gründlicher Recherche unserer Autoren/innen. Sie haben sicherlich Verständnis, dass der Verlag dafür keine Haftung übernehmen kann.

Wir freuen uns aber, wenn Sie uns schreiben.

Senden Sie Ihre Post an die MARCO POLO Redaktion, MAIRDUMONT, Postfach 31 51, 73751 Ostfildern, info@marcopolo.de

IMPRESSUM

Titelbild: Warnschild Känguruh (alamy: Sullivan)
Fotos: alamy: Sullivan (1); Bilderberg: Grames (2 l.); Bridgeclimb (135 M. l.); B. Gebauer und S. Huy (183), Florian Haas (14 o.); HB Verlag: Widmann (Klappe l., 55, 66, 124, 140); Huber: Mastrorillo (32/33), Picture Finders (141), Giovanni Simeone (96/97); R. Irek (126); © iStockphoto.com: bamse009 (16 u.); Jungle Surfing Canopy Tours, Cape Tribulation (14 u.); Ksubi (17 o.); Lade: BAV (125), Sandhofer (63); Laif: Emmler (8/9, 31, 36/37, 44/45, 52/53, 84/85, 86, 98, 102/103, 106), Heeb (18/19, 26/27, 40/41, 58), La Roque (6/7, 132); H. Leue (24/25, 30, 39, 68/69, 70, 72, 79, 80, 110/111, 120/121, 136/137, 138/139, 152/153); Look: Dressler (46), Heeb (4 l., 43); Simon Lovelace (15 o.); Mauritius: Fritz (25, 109), Keyphotos (51), Vidler (143); Debra McKenzie/Deep Blue Bistro (135 M. r.); H. P. Merten (89); Will and Toby Osmond (16 o.); The Prince (17 u.); Rocks Ghost Tours/Spirit of Sydney (135 o. l.); Sneaky Sound System (15 u.); South Australia Tourism Commission (24, 116); P. Spierenburg (75); O. Stadler (5); Sumo Salad (14 M.); Sydney Fish Market (134 o. l.); Taj Hotels (135 u. r.); U. Teschner (78); K. Thiele (117, 122); Tourism New South Wales (3 l., 47, 49, 134 M. r., 134 M. l., 134 u. r.); Tourism Queensland (3 r., 4 r., 11, 21, 76, 83); Transglobe: Deichmann (13), Fauner (2 r., 130); K. Viedebantt (95, 104, 119); T. P. Widmann (Klappe M., Klappe r., 20, 23, 29, 30/31, 56/57, 60, 64/65, 67, 90, 92, 101, 112, 115, 128/129, 140/141); E. Wrba (3 M., 22, 28, 34, 35, 131)

3. (10.), aktualisierte Auflage 2008

© MAIRDUMONT GmbH & Co. KG, Ostfildern
Verlegerin: Stephanie Mair-Huydts; Chefredaktion: Michaela Lienemann, Marion Zorn
Autoren: Esther Blank, Urs Wälterlin, Wolfgang Veit,
Bruni Gebauer, Stefan Huy; Redaktion: Manfred Pötzscher
Programmbetreuung: Leonie Dlugosch, Nadia Al Kureischi; Bildredaktion: Gabriele Forst, Stephan Moll
Szene/24 h: wunder media, München
Kartografie Reiseatlas: © MAIRDUMONT, Ostfildern
Innengestaltung: Zum goldenen Hirschen, Hamburg; Titel/S. 1–3: Factor Product, München
Sprachführer: in Zusammenarbeit mit Ernst Klett Sprachen GmbH, Stuttgart, Redaktion PONS Wörterbücher
Printed in Germany. Gedruckt auf 100% chlorfrei gebleichtem Papier

FÜR IHRE NÄCHSTE REISE

gibt es folgende MARCO POLO Titel:

DEUTSCHLAND
Allgäu
Amrum/Föhr
Bayerischer Wald
Berlin
Bodensee
Chiemgau/Berchtes-
gadener Land
Dresden/Sächsische
Schweiz
Düsseldorf
Eifel
Erzgebirge/Vogtland
Franken
Frankfurt
Hamburg
Harz
Heidelberg
Köln
Lausitz/Spreewald/
Zittauer Gebirge
Leipzig
Lüneburger Heide/
Wendland
Mark Brandenburg
Mecklenburgische
Seenplatte
Mosel
München
Nordseeküste
Schleswig-
Holstein
Oberbayern
Ostfriesische Inseln
Ostfriesland/
Nordseeküste/
Niedersachsen/
Helgoland
Ostseeküste
Mecklenburg-
Vorpommern
Ostseeküste
Schleswig-
Holstein
Pfalz
Potsdam
Rheingau/
Wiesbaden
Rügen/Hiddensee/
Stralsund
Ruhrgebiet
Schwäbische Alb
Schwarzwald
Stuttgart
Sylt
Thüringen
Usedom
Weimar

ÖSTERREICH | SCHWEIZ
Berner Oberland/
Bern
Kärnten
Österreich
Salzburger Land

Schweiz
Tessin
Tirol
Wien
Zürich

FRANKREICH
Bretagne
Burgund
Côte d'Azur/
Monaco
Elsass
Frankreich
Französische
Atlantikküste
Korsika
Languedoc
Roussillon
Loire-Tal
Normandie
Paris
Provence

ITALIEN | MALTA
Apulien
Capri
Dolomiten
Elba/Toskanischer
Archipel
Emilia-Romagna
Florenz
Gardasee
Golf von Neapel
Ischia
Italien
Italienische Adria
Italien Nord
Italien Süd
Kalabrien
Ligurien/
Cinque Terre
Mailand/Lombardei
Malta/Gozo
Oberital. Seen
Piemont/Turin
Rom
Sardinien
Sizilien/
Liparische Inseln
Südtirol
Toskana
Umbrien
Venedig
Venetien/Friaul

SPANIEN | PORTUGAL
Algarve
Andalusien
Barcelona
Baskenland/Bilbao
Costa Blanca
Costa Brava
Costa del Sol/
Granada
Fuerteventura

Gran Canaria
Ibiza/Formentera
Jakobsweg/Spanien
La Gomera/El Hierro
Lanzarote
La Palma
Lissabon
Madeira
Madrid
Mallorca
Menorca
Portugal
Spanien
Teneriffa

NORDEUROPA
Bornholm
Dänemark
Finnland
Island
Kopenhagen
Norwegen
Schweden
Südschweden/
Stockholm

WESTEUROPA | BENELUX
Amsterdam
Brüssel
Dublin
England
Flandern
Irland
Kanalinseln
London
Luxemburg
Niederlande
Niederländische
Küste
Schottland
Südengland

OSTEUROPA
Baltikum
Budapest
Estland
Kaliningrader Gebiet
Lettland
Litauen/Kurische
Nehrung
Masurische Seen
Moskau
Plattensee
Polen
Polnische Ostsee-
küste/Danzig
Prag
Riesengebirge
Rumänien
Russland
Slowakei
St. Petersburg
Tschechien
Ungarn
Warschau

SÜDOSTEUROPA
Bulgarien
Bulgarische
Schwarz-
meerküste
Kroatische Küste/
Dalmatien
Kroatische Küste/
Istrien/Kvarner
Montenegro
Slowenien

GRIECHENLAND | TÜRKEI
Athen
Chalkidiki
Griechenland
Festland
Griechische
Inseln/Agäis
Istanbul
Korfu
Kos
Kreta
Peloponnes
Rhodos
Samos
Santorin
Türkei
Türkische Südküste
Türkische Westküste
Zakinthos
Zypern

NORDAMERIKA
Alaska
Chicago und
die Großen Seen
Florida
Hawaii
Kalifornien
Kanada
Kanada Ost
Kanada West
Las Vegas
Los Angeles
New York
San Francisco
USA
USA Neuengland/
Long Island
USA Ost
USA Südstaaten/
New Orleans
USA Südwest
USA West
Washington D.C.

MITTEL- UND SÜDAMERIKA
Argentinien
Brasilien
Chile
Costa Rica
Dominikanische
Republik

Jamaika
Karibik/
Große Antillen
Karibik/
Kleine Antillen
Kuba
Mexiko
Peru/Bolivien
Venezuela
Yucatán

AFRIKA | VORDERER ORIENT
Ägypten
Djerba/
Südtunesien
Dubai/Vereinigte
Arabische Emirate
Israel
Jerusalem
Jordanien
Kapstadt/
Wine Lands/
Garden Route
Kenia
Marokko
Namibia
Qatar/Bahrain/
Kuwait
Rotes Meer/Sinai
Südafrika
Tunesien

ASIEN
Bali/Lombok
Bangkok
China
Hongkong/
Macau
Indien
Japan
Ko Samui/
Ko Phangan
Malaysia
Nepal
Peking
Philippinen
Phuket
Rajasthan
Shanghai
Singapur
Sri Lanka
Thailand
Tokio
Vietnam

INDISCHER OZEAN | PAZIFIK
Australien
Malediven
Mauritius
Neuseeland
Seychellen
Südsee

> UNSERE INSIDER

MARCO POLO Korrespondenten
Bruni Gebauer und Stefan Huy im Interview

Bruni Gebauer und Stefan Huy sind Weltenbummler mit Bodenhaftung und bereisen seit über zwei Jahrzehnten die Südhalbkugel.

Wie haben Sie Australien kennengelernt?

Zunächst verliebten wir uns in Neuseeland – während eines Urlaubs vom europäischen Winter – und ließen uns prompt in Christchurch nieder. Doch der Sprung nach Australien war bald getan. Inzwischen ist Australien so etwas wie unsere dritte Heimat. Eine, die immer mal wieder zum Bleiben verführt.

Was reizt Sie an Australien?

Erst einmal die Aussies selbst: Die Menschen hier sind unkompliziert, unkonventionell, von entwaffnender Freundlichkeit und dabei alles andere als fad. Dann die alle Sinne berauschende Weite des Kontinents, der Platz im Überfluss hat für einsame Wildnis, endlose Strände, für tropischen Dschungel ebenso wie für schneebedeckte Hochlagen – und für pulsierende Großstädte. Ganz ohne geht's bei uns nämlich nicht.

Und was mögen Sie nicht so?

Die große Entfernung, sprich die knapp 20 Flugstunden bis zum Kontinent der Begierde. Aber die sind mit der Vorfreude hin jedes Mal leichter zu bewältigen als nach dem Abschied von Downunder.

Wie wird man zum Kenner des Landes?

Mit reisen, reisen, reisen. Doch allein oder auch zu zweit wird man der Größe Australiens nur schwer gerecht. Deshalb sind wir froh, dass die profunde Grundlage dieses aktuellen MARCO POLO Reiseführers auf der Recherche versierter Kollegen wie Esther Blank, Urs Wälterlin und Wolfgang Veit beruht.

Wie verdienen Sie Ihren Lebensunterhalt?

Mit schreiben, schreiben, schreiben. Natürlich über Australien und Neuseeland, aber auch über die betörend exotischen Inselwelten der Südsee (auch für MARCO POLO) sowie über den Stadtstaat Singapur – dort kommt man auf dem Weg nach Downunder nämlich meist vorbei. Außerdem zeigen wir Wohnmobilreisegruppen die Schönheiten unserer Wahlheimaten, wenn wir nicht in Deutschland als Fernsehjournalisten tätig sind.

Mögen Sie die australische Küche?

Gibt es eine bessere? Kein Scherz: So gut wie in Australien essen wir selten. Weil eben multikulturell – und das auf hohem Niveau – gekocht wird. In teuren Restaurants ebenso wie im preiswerten Imbiss um die Ecke. Der Fisch ist frisch, das Fleisch saftig, Früchte und Gemüse ungemein vielfältig. Dazu hervorragende Weine und gut gebrautes Bier – was will man mehr?

> BLOSS NICHT!

Tipps für das richtige Verhalten in Australien

Alles besser wissen

Sich selber in den Vordergrund stellen, angeben – das kommt in Australien überhaupt nicht an. Das heißt aber nicht, dass Sie bei Diskussionen mit Australiern nicht Ihre Position klar machen sollten. Im Gegenteil: eine klare Stellungnahme etwa zu einem politischen Thema ist durchaus geschätzt, so lange sie nicht wichtigtuerisch vorgebracht wird.

Visum überziehen

Australien hat ein äußerst hartes Einwanderungsgesetz. Wer die Besuchszeit des Touristenvisums überschreitet oder unerlaubt arbeitet, dem droht nicht nur Ausweisung, sondern außerdem ein mehrjähriges Rückkehrverbot.

Giftige Quallen unterschätzen

Stinger, Box Jellyfish oder *Sea Wasp* wird die mordsgefährliche Quallenart genannt; schon die Berührung kann tödlich sein. Erste-Hilfe-Maßnahme: Essig auf die Hautstelle tun! Zum Glück kommen die Biester ausschließlich in tropischen Küstengewässern vor – und das auch nur zwischen Oktober und Mai. Während dieser Zeit sollten Sie nicht ohne Wetsuit im Meer baden bzw. nur Strände aufsuchen, die durch Netze geschützt sind. Stingerfrei sind auf jeden Fall die Gewässer weit draußen, z. B. um die Inseln am Great Barrier Reef.

Einen Apfel mitbringen

Dank der geografischen Isolation ist Australien bisher von verschiedenen landwirtschaftlichen Krankheiten – etwa der Maul- und Klauenseuche – verschont geblieben. Dass dies so bleibt, dafür sorgt an den Grenzübergängen eine ganze Armee von Beamten. Schon beim Landeanflug auf Sydney werden Besucher davor gewarnt, Lebensmittel ins Land zu bringen. Früchte und Fleischwaren sind absolut tabu, andere Artikel (etwa Schokolade) werden toleriert, so lange sie auf dem Zollformular deklariert sind. Wer gegen die Gesetze verstößt und von speziell trainierten Schnüffelhunden oder Röntgenmaschinen erwischt wird, dem drohen empfindliche Strafen.

In die Augen schauen

Die meisten Aborigines empfinden es als äußerst unangenehm, wenn man ihnen bei einem Gespräch direkt in die Augen schaut. Das ist nur eine von mehreren Verhaltensregeln, die Sie im Umgang mit den Ureinwohnern beachten sollten. Eine andere ist, nicht über möglicherweise unangenehme oder peinliche Themen zu sprechen – etwa Armut, Hygiene und Sex. Doch auch im Umgang mit weißen Australiern gibt es gewisse, fast mittelalterlich erscheinende Anstandsregeln. So gilt es auf dem Land noch vielerorts als unangebracht, dass ein Mann einer Frau zur Begrüßung die Hand reicht.